政治学とはどのような学問か

ブリュノ・エチエンヌ
ベアトリス・ボンフィス-マビヨン
浪岡 新太郎 著

現代政治学双書 16

中央大学出版部

La Science Politique est-elle une science?

by

B. Etienne, B. Bonfils-Mabilon

訳者まえがき

本書はブリュノ・エチエンヌ（Bruno ETIENNE）とベアトリス・ボンフィス・マビヨン（Béatrice Bonfils MABILON）の共著、*La science politique est-elle une science?*, Flammarion, 1998. の翻訳である。(1) 両著者は共にエクサンプロヴァンス政治学院（Institut d'Etudes Politiques d'Aix-en-Provence）で講義を担当しており、特に一、二年生向けの政治学の入門書として本書を著した。

本書でも言及されているが、政治学院（I.E.P.通称でシアンスポ Sciences-Po と呼ばれる）は現在、パリを頂点に、エクサンプロヴァンス、ボルドー、グルノーブル、ストラスブール、トゥールーズ、リール、リヨン、レンヌの九校存在する。政治学院は高級官僚を養成する大学院大学である国立行政学院（Ecole Nationale d'Administration）の合格者の多くを輩出し、ジャック・シラク大統領をはじめ多くの政治家の出身校でもある。ただし政治学院は「政治学」と名前がつくものの、科目としての政治学を中心に構成されているわけではない。卒業生の公務員試験合格率が極めて高いことからも分かるように、法律・行政科目の専門家を多く抱え、また、一般教養教育の水準の高さで知られている。

政治学院は大学とは別の独自の選抜制度、教育制度をもっているグランゼコル（Grandes écoles）の一つである。グランゼコルとは国立、私立の高等専門学校であり、哲学系では日本でも有名な高等師範学校（Ecole Normale Supérieure）、商業系では高等商業学校（Hautes Etudes de Commerce）、理工系では技術工学校（Ecole Polytechnique）などが含まれている。

フランスでは、自分の志望する分野の大学入学資格試験／バカロレアに合格すると原則としてどの大学でも入学することができるが、グランゼコルには、一般に、バカロレアを取得した後に、グランゼコル準備学級での一、二年の受験勉強を経て選抜試験によって入学する。(2) 現在は制度改革の最中であるが、これまで多くのグランゼコルは三年制で、大学の四年生修了にあたる学位を出していた。したがって、この教科書は日本の大学生で言えば、三、四年生向けと言うことができるかもしれない。実際フランスの大学の政治学部では、三、四年生で使用されることもあった。

本書では、政治学が科学としてあまり認められていない状態を分析するが、ここで扱われているのはギリシャアのポリスを巡る議論にまで遡れるような政治学ではない。社会科学の一分野として、政治学者という他の学者から区別された職業専門家集団をもち、政治学修士、博士号などの学位を独占的に授与することができる分野・科目としての政治学の地位が主題とされている。そして、フランスにおいて、政治学にはエリート教育と結びつくような高い社会的イメージがあるものの、分野・科目としての政治学は大学、研究所の中で大きな勢力をもってはおらず、政治学で学位をとり職業的研究者として就職することは他の社会科学分野と比べても困難である。

本書は二部からなっている。第一部では経済学、法律学などと並ぶ、社会科学の一つとしての政治学がどのようものを対象としてきたのか、どのように一つの学問として構築されてきたのかを明らかにする。第二部では政治学が、なぜ科学的にも、政治的にも周辺的な存在であるのかを、「科学／政治とは何であるか」の定義が社会的にどのように構築されるのかを分析することを通して明らかにしようとする。

著者達は政治学を定義する試みを整理しつつ、政治学が対象とするフランス語の「政治学（politique)」を「男性単数形の政治（le politique＝政治というもの)」、「女性単数形の政治（la politique＝実際の政治)」にここでは限定し、政治学の中心的な対象は「自発的服従」の研究、すなわち正統化の研究であることを主張する。この政治学の学問としての「科学性」は、その「科学性」が「明確な」つまり、「科学」であることが社会的に疑われることが最も少ない／正統性が高い、生物学、物理学をはじめとする自然科学に比べて劣ったものであると考えられている。というのは、政治学が対象とする戦争などの現象は再現不可能であるからである。また、ある集団内でどのようにリーダーシップが成立するのかを観察したいとしても、人間を実験室に閉じ込めて実験するには倫理上問題があるからでもある。さらに、正統化の研究、すなわち影響力の関係はきわめて把握しにくいものなのである。

政治学は、数学が一定の手続き、公式に従って「解答」を示すようには、ある政治的・社会的問題に対して「公共政策」という形で解決策を示すことはできない。実際のところ、政治学は実際の政治に携わる者達、とりわけ政治家達にほとんど影響を与えないし、社会的にも、政治について語る際に政治学の知識は必要不可欠なものとは考えられていない。心臓の手術について、医学を知らない素人が口を挟むことよりも、政治について、政治学を知らない素人が口を挟むことのほうがはるかに多いし、そもそも政治学を知らなくとも政治について素人であるとは思われないことがほとんどなのである。

著者達は、社会の中で、科学や政治など、特定のテーマについて独占的に象徴を生産しようとする人々の関係＝場が存在することに注目している。科学的な場では「科学」に関する象徴生産を巡って、さまざまな社会的成員（agents sociaux）が各々自分の利害にもっともかなうような科学の定義を正統化しようと争っている。つまり、文部科学省、生物学者、物理学者、経済学者、さらには科学ジャーナリスト達が、「何／誰が科学／者とみなされるべきで、何／誰がみなされるべきでないのか」を、言い換えれば、科学であるがゆえに科学研究費補助金や、自然科学・社会科学を扱う大学、研究所のポストを得るのがふさわしいのは何／誰か、を巡って争うのである。そして、この科学的な場には、あらゆる社会的成員が能動的に参加可能なわけではない。場に正統に関与するためには一定の経済的・文化的資本（学歴など）が要求される。したがって、象徴生産を巡っては職業的専門家・聖職者（正統にその象徴を生産することができると看做されている者）と、素人・一般信徒（すでに作り上げられた象徴生産の中から選択を余儀なくされる、すなわち消費者の立場に押し込められている者）との間の分業体制が存在するのである。[3] 科学的な場において、政治学者は生物学者や物理学者に比べて周辺的な位置にある。また、政治に関する象徴生産を巡ってさまざまな社会的成員が争う政治的な場においても、政治家や新聞記者に比べて政治学者は周辺的な位置にある。

著者達は、政治学の「科学性」の低さ、周辺性を説明するために、国際関係論で用いられる従属論の中心―周辺モデル、および社会学者ピエール・ブルデューの「場（champ）」の概念に依拠している。中心―周辺モデルは、西欧社会の発展の歴史を普遍的なものとして法則・モデル化しようとするロストウ流の近代化論に対立し、中心の発展は周辺の搾取によるものであること、周辺の低発展は中心の発展モデルに従わせられているためであると説明する。また、「場」の概念は、社会における支配階級の利益に常にかなうように、職業的専門家が象徴を生産するのではなく、「場」は相対的に自律しており、「場」に特殊な利害を求めていくがゆえに、職業的専門家がそれとは知らずに社会の支配構造の再生産に寄与していくメカニズムが存在することを説明する。本書の主題に即して言えば、「科学とは何であるのか」という定義は支配階級の社会的な力関係の優位さを維持するように働く傾向があるのだが、この定義自体は社会的な力関係とは無関係になされていると思われている。そのために、「科学の純粋性」の神話が機能し、被支配階級は（支配階級同様に）社会的な支配構造を維持しようとする「科学とは何であるのか」の定義に従うのである。この支配構造は身体化された性向、「ハビトゥス」として各社会的成員に組み込まれることで機能する。

その場合、中心の学問が周辺の学問よりも科学として認められやすいのは、社会の支配構造と相関関係があるためではなくて、本質的に中心の学問が周辺の学問より優れているためであると思い込まされる。中心の学問の優位性がむき出しの力関係に直接依拠するのではなく、その「本来」の性質に拠ると、議論するまでもなく当然のことであると思い込まされたとき、中心の学問は周辺の学問から直接的な批判、抵抗を受けることがなくなり、周辺の学問は中心の学問との距離の近さにおいて自らの「科学性」を規定するようになる。むしろ中心の学問の「本来」の性質の優位性の神話を共有するという意味で、周辺の学問が既存の支配構造を支えることにおいて中心の学問と共犯関係に入り、ブルデューの言う「象徴権力」が機能するのである。

著者達は、中心—周辺モデルと科学的な「場」の理論を組み合わせることによって、「科学性」というものが物理学をはじめとする「自然科学」と呼ばれる中心の科学を基準に打ち立てられていること、したがって、数式を使った表現形式をはじめとしてどれだけ自然科学に近いのかによって周辺科学としての社会科学は自らの科学性を主張する傾向があることを明らかにする。社会科学の中でも、制度的な誕生が遅く（一八七二年に初めて政治学の学校が成立する）、そのポストの数などにおいて他の社会科学に劣るために、政治学は、周辺科学である社会科学の中でも、さらに周辺的な位置にとどまらざるを得ない。こうした政治学の周辺性はその教育法を通じてさらに強化される。政治学者は政治について「素人」がもつ「知」を「科学的」ではない、という理由で否定することができないからである。政治学者は政治学の授業を通して、職業専門家としての政治学者が存在する際の基盤、利害、権力関係を明るみに出し、そのことによって政治学の「科学性」が職業的専門家と素人という分業を正統化することを妨げるのである。

「政治とは何であるのか」を定義する政治的な場においても、政治学は周辺的な位置にとどまらざるをえない。実際、法律家になるには法律学を学ぶ必要があるのに対し、政治家になるのに、さらには政治評論家になるにも政治学を学ぶ必要はないのである。政治学が政治を科学的に研究しようとする場合、政治学は政治学者達がそこで生活し、彼らを養っている社会、政治システムが機能する際に前提としている常識、約束事がどのような力関係、支配構造の下に機能しているのかを明らかにし、社会、政治システムに混乱をもたらしてしまうからである。既存の秩序の権力性を明るみに出すことに支配階級はもちろん、被支配階級も利益を見出すことはほとんどないのである。

政治学が既存の社会を根拠付けるドクサ、自明と思われている信念を解体し、そこから隠された支配構造、共犯関係を明るみだそうとするのであれば、政治学が、今日、科学的な場、政治的な場において周辺的な地位を割り当てられるのは当然だろう。しかし、同時に、支配構造を明るみだそうとするがゆえに、政治学は、科学的な場、政治的な場の周辺に自らとどまったのである。「場」の周辺にとどまらざるを得ない／とどまるということ、それはつまり、科学的な場でもっとも正統な「科学性」の定義に対して批判的に考察することにつながる。また、政治学の科学性の正統性が低ければ低いほど、政治学は政治をめぐる表象を正統に社会空間の中で押し付けることに困難を感じ、「科学／政治とは何であるのか」の定義を巡って争われる象徴生産の「場」から排除されてしまった「素人」に対して常に自らを問い直していかざるを得なくなるのである。

政治学を正統化の研究と考える著者達は、「政治的に正しいもの」を定義し、既存の社会的な力関係、そしてそこで働いている権力関係を隠蔽しようとする政治学者を激しく批判する。「公共政策」、「公共マネージメント」の前提となる、「公共性」の定義を巡る政治学者間の利害闘争が、社会的な支配構造とどのように結びついているのかを明らかにしようとする著者達が、価値選択の権力性を考慮しないような政治学のマネージメント化に反対するのも当然であるだろう。

著者達は政治学者が政治をめぐる科学的な「知」を生み出す際に、職業的専門家と素人という分業体制に基づく「場」が存在し、あらゆる象徴が権力性を帯び、社会の支配構造との相関関係の内で機能していることを明らかにすることで、社会的成員が完全に自由に象徴を生産できるという考えを否定する。しかし、著者達は社会的成員の自由を全否定するのではなく、「場」の存在、機能を明るみに出すことで、知の限定性、したがって今まで見えなくさせられていたものに注目し、そのことによって社会的成員の応答可能性の幅を広げようとしているのである。

ブリュノ・エチエンヌ氏は、フランスを代表するイスラーム研究者、政治学者の一人である。彼は一九三七年に南仏で生まれ、エクサンプロヴァンス政治学院を経て、公法で博士号、政治学で大学教授資格を取得した。現在はフランス大学学院（Institut Universitaire de France）、エクサンプロヴァンス政治学院教授として宗教研究所（Observatoire du Religieux）を主宰している。これまでに、アルジェリア、モロッコ、チュニジア、エジプト、トルコ、シリアなどの国々で研究者として働き、さらに客員教授として日本、アメリカ合衆国、スイスに滞在した。政治学院では特に、「宗教／政治人類学」を担当している。

彼は、大学、研究所における研究にとどまらず、「イスラームのスカーフ問題」をはじめ、国籍法改正論議などにも関与しており、研究者の社会的役割について絶えず批判的に考察、実践している。フランスは国籍法において出生地主義を認め、中央集権制、官僚制、非宗教性を軸とし、宗教、民族などその出自と結びついた集団的属性にかかわりなく、どのような人間をも市民としてフランス共和制という政治共同体に組み込むことができると考える政治文化がある。この文化は自らの主張する普遍性から「外れる」とされる存在を普遍性に対立する「特殊」なものであると本質的に規定しようとする。ムスリム系移民出身者が直面する差別などの問題を、他者の宗教として表象されるイスラームの教義から説明することで満足し、問題の社会経済的な側面や信仰の実際に注目しない傾向はその一例である。普遍性を主張し自らを正統化しようとするフランスの政治文化が、植民地、本土においてどのようにマイノリティに同化を強制するように機能したのか／するのかを批判的に考察し、移民出身者の問題を他者の問題ではなく、フランスの問題として構成するところに彼の研究の特色がある。著作は多いが代表的なものだけ挙げておく。

- *Heureux comme dieu en France ? La république face aux religions*, Bayard, 2005
- *Les combattants suicidaires*, Aube Poche, 2005
- *Etre bouddhiste en France aujourd'hui*,（avec R .LIOGIER), Hachette Pluriel Référence, 2004,（Hachette Littérature, 1997)
- *Abd el-Kader le magnanime*,（avec F. POUILLON), Gallimard Poche, 2003
- Abdelkader, Hachette Pluriel Reference, 2003,（Hachette, 1994)
- *Islam - Les questions qui fâchent*, Bayard Culture, 2002
- *Les amants de l'apocalypse - Clés pour comprendre le 11 septembre*, Aube, 2002
- *La France face aux sectes*, Hachette Litterature, 2002

● *L'initiation*, Dervy, 2002
● *Une voie pour l'Occident - la Franc-maconnerie à venir*, Dervy, 2001

日本語に翻訳されているものとして次の論文がある。

● 「フランスにおけるイスラム」（染木布充訳）高柳先男編『ヨーロッパ統合と民族問題』中央大学出版部、一九九八年。
● 「グローバリゼーション・国民国家の危機・概念のノマディズム」（浪岡新太郎訳）『中央大学社会科学研究所年報』、一九九九年。

マビヨン氏はエチエンヌ氏の元学生で、認識論、知識社会学を専門とし、現在はカルパントラのリセで経済学・社会科学（sciences économiques et sociales）の教授資格（agrégation）を取得した教員を務めている。エクサンプロヴァンス政治学院では主として認識論の非常勤講師を務めている。彼女は一九八四年にエクサンプロヴァンス政治学院を卒業し、八六年に第三課程で政治研究（Etudes politiques）で修士号（D.E.A.）を、八七年に社会科学・経済学で中高等教育資格（C.A.P.E.S.）を、九一年には社会・経済科学で教授資格を、九三年にはエクサンプロヴァンス政治学院博士課程を修了し、政治学博士号を取得、同九三年には政治学博士課程指導資格試験（H.D.R.）に合格している。認識論の分野を中心に、社会科学の教科書など、著作は多いが、代表的なものだけ挙げておく。

Le conseil de classe est-il un lieu politique ?（avec V. callichio), l'harmattan, 2004

La fête techno, sous la dir , Autrement, 2004

Initiation aux sciences politiques et sociales (MENTION PREPA) Vuibert, 2002

La culture générale à science po et aux concours, Préfacé par Jean-Claude Ricci, Vuibert, 2002

La musique techno, ère du vide ou socialité alternative ? : De la participation politique affinitaire. Pour une sociologie politique de la musique, l'harmattan, Octobre 2002

Sociologie Politique de l'Ecole, préfacé par R. Draï, PUF, Avril 2001

CAPES de sciences économiques et sociales, Vuibert, Octobre 1999

Travaux dirigés de science politique · fichier de sociologie politique, Magnard, Juin 1998

もともと本書の翻訳は、故高柳先男教授（中央大学法学部）とブリュノ・エチエンヌ教授との間で約束され、当時大学院生であった訳者に任せていただいたものである。今回、中島康予教授（中央大学法学部）、川原彰教授（中央大学法学部）の大変なご尽力によって翻訳出版が実現した。現在の厳しい出版事情の中、出版実現のために高柳教授門下である、黒田俊郎助教授（県立新潟女子短期大学）、酒井由美子助教授（中央大学法学部）、佐々木寛助教授（新潟国際情報大学）にもご協力いただいた。

また、翻訳の草稿の過程では両著者にたびたび質問をし、その度に丁寧にお答えいただいた。翻訳草稿については中島教授に原著と照らし合わせた上で目を通していただいており、実質的に中島教授に翻訳の重要な箇所を負っている。また、吉岡知哉教授（立教大学法学部）には文章のわかりにくい点や誤訳を指摘していただくことができた。

第一草稿では、イザベル・サンドラス氏（リヨン第三大学言語学部学生：当時）や新井令子氏（エクサンプロヴァンス政治学院大学院生：当時）から訳語について助言をいただいた。また、立教大学法学部の一年生、特に二〇〇四年度松田・浪岡政治学基礎演習を履修した学生たちからも、読みにくい箇所などについてコメントをもらうことができた。さらに中央大学出版部の平山勝基氏には、出版の引き受けをはじめ、たいへんお世話になった。まさに、翻訳出版というのは訳者一人の仕事ではなく、さまざまな形で支えてくださる人達との共同作業であることを身にしみて感じている。

（1）したがって、本のタイトルを直訳すれば、『政治科学は科学なのか?』ということになる。政治の科学的な研究という意味で Science (s) Politique (s) を日本語では政治学と訳した。
（2）ただし、バカロレアの種類によって、また、成績によって実際上の選抜は存在する。たとえば、医学部では科学バカロレア取得者を求めることが多く、経済・社会バカロレアを取得して医学部への進学を希望しても、許可される可能性は低い。
（3）職業的専門家と素人の関係は、しばしば、カトリック教会において「救済」についての解釈権を独占する聖職者と、その解釈を消費する立場の一般信徒の関係になぞらえられる。

浪岡　新太郎

はじめに

研究において、問題を解決するために、ある理論が主張され、理論が問題について、説明を与えると、今度はその説明が問題を提起するということがよくある。なるほど、政治学の科学性あるいは非科学性の問題に答えるということは、我々があらかじめ「科学とは何であるか」について合意しているということを意味している。ところで、この主題をめぐる現在の議論を見ると、二〇世紀の初頭まで科学性の概念自体を作り出してきた科学万能主義（scientiste）の確信が揺らいでいることがわかる。計量可能なもの、すなわち認識可能なものだけが科学的であると主張する、これまで支配的であった立場は、現在では客観的どころかまさに独断的であるように見える。

科学性についての現在の基準は全部で三つあるように思える。まず、現実は数学的言語あるいはシステムの形で表現することができるということ。次に、実験室で再現し同様の測定結果を得ることができるものだけが科学的であるということ。最後に、哲学者カール・ポパー（Karl. R. Popper）の言葉を言い換えるならば、ある理論が科学的であるのは、その理論が、それが適用されるデータあるいは現象を説明するように見えるからだけではなく、その理論が理論自体を反証する手段を与えるからであるということである。ある理論が科学的であるのは、その理論が「真実」であるからではなく、その理論によって、人は自由にその理論の誤りを証明することができるからである。

政治学（science politique）の科学性にとって主たる障害は、倫理上の困難、研究室における実験の困難に由来するのではなく、それどころか、政治学が「誤り」の社会的条件、つまり専門的研究者に対立する市民の意見や大衆の常識の社会的条件といったものに起因する諸問題を提起しなかったという事実に由来している。政治学は科学万能主義のイデオロギーが作り上げた障害についてはむしろうまく切り抜けてきたのである。だから今日では政治学は明確に次のように述べている。科学の意味を学者の主観的な動機を超えて、知そのものの内にのみ追求することはもはやできない。科学の意味は、認識過程が産み出し与える権力の内にこそ追求することができるのであると。政治学は——政治学だけではないのだが——観察者であり観察のための概念を形成する主体を、社会についてのどんな定義にも、どのような理解にも導入することを提案する。

政治学は次のような公準から逃れることはできない。つまり、社会は自らが実際に解決することができるか、もしくは解決する能力をもっているような問題しか自分に課すことはない、という公準である。ただし、政治学が科学であるかどうかを知るという賭金（enjeu）は今日では政治学（politologie）で職業生活を営んでいる者達には関係するが、この賭金は実際の政治（la politique）

で職業生活を営んでいる者達にとってはとりたてて関心を引くものではないし、おそらくは市民にとってはさらに興味の薄い賭金である。

政治学の科学性をめぐる関心の、この重大な不一致は、フランスにおける政治学の周辺的な地位と大きく関係している。我々は第一部で、フランスにおいて政治学が占める周辺的な地位について説明するだろう。第二部では、我々は次のことを明らかにするだろう。政治学がまさしく科学であるということ、しかし、科学的、政治的な「場（champ）」において政治学が周辺的な位置を占めているために、人は政治学の本当の性質について誤った判断を下しがちであるということである。

目　次

第一部　社会科学としての政治学

第一章　実際の政治から政治学へ

倫理、哲学、さらには存在論に関わるような根本的諸問題はギリシャ人によって提起されているのだから、「人間の科学（une science de l'homme）」としての「人類学（anthropologie）」、「社会で生活する人間の科学（une science de l'homme vivant en société）」としての「社会学（sociologie）」さらには、「政治的動物としての人間の科学（une science ce l'homme animal politique）」すなわち「政治学」は昨日今日に生まれたわけではない。

しかしながら、我々はかつて「人文」科学であったものと、今日「社会」科学になっているものをしっかりと区別する必要がある。というのは、この分類の変化はとても重要な質的変化を示しているので、我々は「人文」科学と「社会」科学とを、逐次対比することができないのである。実際、産業革命と共に生まれた社会科学は――特にエミール・デュルケム（Emile Durkheim）が考えていたような社会学は――社会物理学の試みであった。人間を科学的に理解するばかりではなく、社会学は社会生活の最良の組織形態がどのようなものであるのかを示さなければならなかった。だがまさに同じ時期に、それ自体としての人間、つまり自立し権利をもった個人が、社会科学が成立する中で、以前よりもさらに明確に定義されていた。そうして、社会学は常に解決されることのないある障害に直ちにつまずくのである。すなわち、もしデュルケムが望むように「社会的事実を『もの』として扱わなければならない」とすれば、その場合、どのようにしたらビュフォン（Buffon）が蟻の群れに対して行ったのと同様に、人間の諸活動を細かく数え上げることができるのだろうかということである。

これは、法学者であり社会学者であるマックス・ウェーバー（Max Weber）が全力で猛然と取り組まなければならなかった問題であるが、ナチスが人間を「科学的」と称して研究と操作の対象とした時にさらに厄介なものになった。ナチスのこうした行為によって、それ以来、自然科学の実験科学的方法を人間に適用することは倫理的に不可能になる。

社会学――この総称の下にデュルケムは社会科学の総体を考えていた――は何よりもイデオロギー的さらには政治的機能を果たした。すなわち産業革命を理解し、さらに旧社会の残存物を減らすために必要とする道具をこの革命に供給するという機能である。

数学的手法は社会科学に多くの難題を提起する。例えば、我々は人間を小石や昆虫のように数えることができるのだろうか。例えば、政治―宗教社会学の行動調査において、そのメンバー構成に手を加えていないテスト集団と、手を加えた集団とを比較するためには、どのようにして人間の集団の「メンバー構成に手を加えるべき」なのだろうか。

事物を統御するメカニズムの研究から人間のメカニズムの研究へ、ついで人間社会を統御するメカニズムの研究へと移行するのは容易いことではないのだ。

そして、障害は認識論的なものだけではない。社会体は人間の身体のように機能する、あるいは、実際のところ人間の社会は狼の社会ほどうまく組織されていないと仮定することには倫理的に大きな危険があるのではないだろうか。

こうした困難によって、これらの学問が未熟であることもはっきりと分かる。つまり、社会学はおそらくは未だに自立していない。そして社会学が様々な学問へ細分化されているということによって——政治学も社会学の細分化された学問の内の一つになるが——、社会学はさしあたりその理論的対象を明確に定義していないということが明らかになる。社会学にとって問題なのは、人間なのか、社会的人間なのか、はたまた政治的動物なのだろうか。

しかしながらデュルケムが与え、ジョルジュ・ギュルヴィッチ（Georges Gurvitch）が繰り返した「その総体が人間の集団生活を構成するような諸事実についての科学……」という定義を認めることはできる。ただし、ここで使用されている概念（個人、人間、社会等とは何であるか）が明確であることを前提とするならばであるが。この問題について決定的な理論は今も存在しない。したがって、哲学がかつてそれ自身の神学的過去と縁を切ったように、社会学がその哲学的過去と縁を切るためには、あらゆる不確実な科学同様に、社会学創設の父祖達（pères fondateurs）と正統性が必要になる。

産業時代の社会学者達は特権的な場所に自分達が関わっていると考えていたし、信じていた。その場所とは社会である。社会の内で（神に代表されるような超越的な視点から俯瞰されることで、起源と目的を明らかにするという意味での）大文字の「歴史（l' Histoire）」はその真実を明らかにし、大文字の「人間（l' Homme）」は社会的世界の意味を完全に我がものとすることができたのである。社会学者達によれば、一九世紀まで思弁的理性によって扱っていたものを、実験的理性にしたがって扱う必要があったのである。

同時代の科学万能主義やマルクス主義同様、社会学は社会的なもの「全て」を説明し、その将来について預言するという野心をもっていた。実際、社会学は社会の非常に大きな変化を前にしていた。すなわち、都市化と産業化が、家族・農民・宗教に基礎を置いていた古い組織を破壊していたのである。調和の破壊、労働条件――したがって社会関係――の変容、離郷のために、それまで日常的な体験を裏付けていた正統化が失われたのである。

「有機的」知識人達（intellectuels organiques）、すなわち、その中には社会学者も含まれる上昇階級の知識人達は、新しい社会を支持しており、この社会を最大多数者の利益になるように自分達が修正しようと考えていた。最初の社会学者達は「社会について思索し、かつ実際に社会を改良する者」(penseurs-panseurs) であった。そのうちの幾人かはデュルケム自身のように「社会主義者」であった。彼等は可能な限り客観的に時代の問題や脅威に応え、経済の合理的な組織化に必要な手段を供給し、社会的成員達 (agents aociaux) の実践 (pratique) を組織し、彼等の想像を膨らませるために、新しい社会が必要とする表象と価値の体系を産み出す責任が自分達にはあると信じていた。

事実、新しい階層構成とその影響を理解できるものにする必要があった。例えば、労働者階級の悲惨さや疎外、次に、第三身分がいったん統合されると生じてくる第三世界からの移民達の問題があったのである。

今日、政治学がほとんどいかなる公共政策も産み出していないこと、そして政治学者はジャーナリストとの激しい競争を強いられているということを確認すれば、我々は、この社会物理学の試みのユートピア的な幻想と今日の我々とを隔てる距離を知ることができる。

少なくともデカルト以来、科学が世界を解釈し都市を治めるための考えのディレクトリの役目を務めてきた西洋において、我々は矛盾するが、しかし、逆説的ではない結果に到達する。すなわち、そのかつてない程の物質的繁栄が精神的な貧困を際立たせるような社会、その経済的社会的機構が少しずつ行き詰まるような社会、ついには、どのような将来に身を捧げればよいのか分からず途方にくれた社会である。

その場合、人間を、その自由と尊厳を救うためには、哲学者アイザイア・バーリン (Isaiah Berlin)

といったような一部の、とはいえかなり有力な知識人達が望むように、科学的な理解に背を向けなければならないのだろうか。あるいは偶然性と必然性とが支配する世界の不条理性へ人間を委ねる必要があるのだろうか。

二〇世紀における社会科学の進展の歴史は、二つのアプローチとなって現れるこのディレンマの内に常にある。

技術的なアプローチは、現象の記録において効率性と緻密さへの関心に支配されている。このアプローチにおいて政治学は選挙の社会学を意味し、この社会学は政治のスローガン、公共政策、政党や圧力団体等の機能を研究する。したがって、この社会学は前近代的メカニズムを、とりわけ、これらのメカニズムが共同体主義（communautarisme）や機械的・氏族的（clanique）・家族的連帯等に属する場合に、そのメカニズムを未開の残滓と考える。

技術的なアプローチに比べるとより深みのある哲学的なアプローチは、その対象は限定されているにもかかわらず、大総括への関心によって支配されている。このアプローチは政治というものの本質を追求するような一種の政治哲学に行き着く。しかし、ジュリアン・フロイト（Julien Freund）やカール・シュミット（Carl Schmitt）のような幾人かの、ナチズムの経験に対する曖昧な関係を常に理由として、「政治的に適正ではない（non politiquement corrects）」と考えられる発案者達のせいで、この道筋はうさんくさく見られることがよくある。

一方での相対的に効率的な操作、他方でのイデオロギー的な言説という絶えず重なりあう二つの流れを我々は前にしている。この二つの流れは同じ起源、同じ目的をもち、同じように進展してきており、この二つの流れの違いは、「方法論的個人主義」というスローガンの発案者であるレイモン・ブードン（Raymond Boudon）や、構造主義（structuralisme）に敵対する全ての人々、ならびに（とりわけ、言葉の一般的な使用において、マルクス主義者という言葉が侮蔑の言葉になっている限りで）ピエール・ブルデュー（Pierre Bourdieu）をマルクス主義者の疑いがあるとして糾弾する人々が断言するほど明確ではないのである。

したがって、政治学の対象というよりはむしろ政治学の範囲を示すような標識を手に入れようと、政治学は、それ自体が政治学の専門家達の間で議論の対象となっている。しかしながら、一九世紀には、生まれつつある科学万能主義に直面して、これとは異なる路を示した者もあった。そうした者の中にシャルル・アレクシス・ド・トクヴィル（Charles Alexis de Tocqueville）もいるが、彼自身は「全く新しい世界には新しい政治学」が必要であると主張していた。

定義の問題

社会科学の場（champ des sciences sociales）における一番の新参者である政治学とは一体何なのだ

ろうか。新顔であるにもかかわらず、政治学は論争の対象となるような幾つかの学派を既に抱えているが、明確にその対象を定義することはできなかった。大学の学位の授与を独占することによってその身分を保証される政治学の専門家達（公法を専門とする法律家、ついで政治学者達）は、彼等がジャーナリストや政治家達との競争によってうるさく攻め立てられ、その職の正統性が危険にさらされる時ですら、政治学が何を対象とするのかについて意見の一致を見出すことができないでいる。

政治学は閉ざされた「場」ではなくゲットーである。というのは、政治学を特徴づける科学的な場（champ scientifique）は極めて厳密な場のゲームの規則によってしっかりと構造化されており、科学的な場の支配的なイデオロギーに対する政治学の自立の度合いはほぼゼロだからである。科学的な場の構造の確固たるこの状態においては、真の知を産み出すことで利益を得る者は誰一人としていない。なぜならば、政治学は決して公共政策を産み出すことはないし、欲求不満の政治学者達は、政治家や君主の顧問になることで自分達を裏切る政治学者を糾弾するからである。だからこそ、「人が何故、どのようにして代表制民主主義を正統な政治システムとして受容するに到ったのか」を考えるのではなく、代表制民主主義への参加を自明のこととした上で、選挙の社会学を行うことが、政治学者の中心的な仕事であると考えられるのである。

したがって、「場」を欠いているのだから、政治学はナショナルで、そして国際的な「市場（marché）」を持つとしても（一二一頁を参照のこと）、この市場の中では、競争が普通に、科学的な場のいわば規則にしたがって生じることとなる。しかしながら、市場としての政治学は文字どおり政治的な市場に通じるわけではない。つまり、政治学は実際の政治的競争には参加していないのである。これはギリシャア時代の政治学以来の古い議論である。

したがって、今日、政治学が本当は何であるのかを定義することは特に難しい。例えば、政治学は、それが政治学の専門家であるか否かを問わず様々なアクターによって、政治理念の歴史であると認められている。いったん誰が統治するのかが決定されると、これらの理念が最良の統治方法を正統化する。それゆえ政治学は、政治システム、そのシステムの正統化、そして支配の様式に関する理論を提示する。つまり、政治学とは権力についての社会学である。政治学は他の社会科学から得られた成果を一般化し体系化しようとするが、それは国家と権力の領域においてである。

政治学は公共活動（action publique）と政治家の活動の研究なのだろうか。政治学は、それならば、社会的に必要な、すなわち、正統な命令の研究なのだろう。しかし、その場合、ある対象を政治的であると形容することをめぐる闘争は、それ自体政治的な闘争であり、政治学を専門とする者達だけが理解していればいいというものではない。

いずれにせよ、市民の服従（obéissance civile）や自発的服従（soumission volontaire）といった謎を政治学が解こうとするならば、その場合、我々は『自発的服従論（*Discours de la servitude volontaire*）』を著した一六世紀の作家、エチエンヌ・ド・ラ・ボエシ（Etienne de La Boétie）に注目することになるだろう。それほどこの領域において進歩は幻想なのである。服従が「自発的」であるとすれば、その場合、権力とは共有される信念の領域に関わるのである。ところで、信念とは最も複雑で感知しがたく反射的なものである。だから、我々がもっている唯一の素朴な信念の例は、社会的アクターは素朴に物事を信じている無知な人間であると信じる学者の例である。ウェーバーと、彼の「目的合理性（Zweckrationalitat）」にもかかわらず、理性と政治とを区別するのには確固たる政治的な理由が存在するのである。

結局、政治学の対象は全くもって捉えどころがない。なぜならば、フランス語では政治学の対象は適切に名前を与えられていないからである。アングロ－サクソン人が政策・政体・政治（policy/polity/politics）の間を区別するところで、フランス語を話す人間は「政治」という言葉の性別を当てにするしかない。ありふれた専門の辞書を参照すればこの点は明確で、次のような「政治」についての定義が見出される。法律家である筆者の筆によれば、まさしく「『実際の政治』を科学的な諸学問の中で整理しようとする考えはそれほど歓迎されなかった……」のである。

「政治（politique）」、多様な意味を含んだ言葉——
男性形（le politique）なのか女性形（la politique）なのか、
さらには複数形（les politiques）で語るべきなのだろうか

おそらく、男性形の「政治」から始める必要がある。男性形の政治の実際の場はどのようなものなのだろうか。それは全体なのか、——その間に国家のカエサル—教皇型概念、国家のプロシア—ヘーゲル型定義、あるいは単に国家のジャコバン型形態を含む——ギリシャの都市からムスリムの共同体まで至る社会関係全体の場所なのだろうか。この中で国家は理性の制度として現れるか、少なくとも国家の支持者達によってそのようなものとして正統化されている。この理性が、神話あるいは都市国家の秩序の前近代的な説明／正統化の後を継ぐのである。

したがって政治とは、ある静的な観点からすれば、共通の目的のために打ち立てられた権威と服従の関係から産み出される構造の総体であろう。ただしこの集団が分裂しない限りにおいてであるが。この意味でエンゲルスは次のことをよく理解していた。つまり、自分自身の矛盾の内で身動きがとれなくなった市民社会は、社会内部の紛争を解決するために社会の外部の構造に訴えなければならないということを国家の存在は告白しているということである。それゆえ、その場合には政治的な場が拡大している。つまり、基礎としての共同体の外部の仲介的な権威あるいは原理に訴える必要がある場合、社会は政治化（politisation）するのである。

統合が成功する時には公的な政治化は強くなり、社会が内側から崩壊していく場合には「私的な」政治が姿を現し統合は弱まる。統合が完全なものであれば政治は姿を消す。そして、この場合には国家はその機能を失う……。社会が全く統合されない場合にも同様に国家はその機能を失う。このことは、凄まじい個人主義と資本のグローバル化という二重の激しい攻撃に国家がさらされている今日の事例に当てはまるように見える。

したがって、我々は二つの政治のヴィジョンをもっている。一つは、国家学（Staatswissenschaft）に関わるような上からのヴィジョンである（上からの、あるいは単に制度からの視線）。他方は、極端に言えば、フロイトがlibido dominandiあるいは「命令する欲望」と名づけるヴィジョンである。女性形の政治の機能は、共同体から社会へ、部族からギャングへ、機械的連帯から有機的連帯へ、マフィアや大一族（grande famille）といった言葉よりはむしろ結社（association）へと移行することを――何らかの理由で、あるいははっきりとした理由なしに――選択した集団の統一性を司ることである。たとえ、政治家の内に「党」という言葉を使うことを嫌がり、冗談抜きで、例えば「自由派（famille libérale）」のように「家族（famille）」という語によって語ることを好む者がいるとしてもである。この政治は、権力の獲得と行使をめぐるあらゆる現象のダイナミックな表現であるだろう。大部分の政治学者にとってみれば、ここで、政治は「公共政策（les politiques publiques）」と混ざりあっているように見える。これが、女性形の政治から複数形の政治へと移行することによって、「政治」という言葉の多義性がはらむ混乱を避ける下手なやり方なのである。

我々としては、政治を公共の領域に、あるいは一般的な都市国家（cité）の領域に還元するようなこうしたやり方を拒絶する。というのは、こうしたやり方は「一般利益（intérêt général）」や「共通善（bien commun）」といった言葉に訴えることで、自分の私的な利害を正当化するという背信を見えないものにしてしまうからである。「一般利益」といった言葉に訴えるということは、まさにイデオロギー的な領域に関わっているのである。この領域を人の目から隠すことに、このような女性形の政治は明らかに貢献しているのである。

この政治は、紛争と人間社会を構築する秩序との弁証法の、人類学的な空間の中心部に根ざしている。だから、政治的な服従の西洋的モデルは「法」の解釈学を通して理解できるものになる（この解釈学とは、いわば、法の観念的な内容の注釈的研究であり、例えば、法律家による国務院（Conseil d'Etat）の判決の分析のような、単純な実証主義的・形式的な分析ではない）。

ピエール・ルジャンドル（Pierre Legendre）によれば、法は欲望を迷わせ真実を見えなくする。そして、服従が後天的に獲得された性向になる時、様々な形態の下に支配関係は正統化・客観化されるのである。したがって、共和主義者になるためにはもうひとがんばりする必要がある。神／王の化身としての至高の国家の崇拝を乗り越え、世界が何らかの秩序に基づいているとしても、その秩序は創造者の反映として美しいのではなく、人間が主体として自らを立ちあげるから美しいのだということを認める必要がある。

複数形で使われる政治（les politiques）が問題をさらに複雑なものにする。なぜならば、この政治は女性形であり、かつ男性形であるからである。例えば「公共政策」は女性複数形であり、この政治はさほど政治学者の興味を引くことはない。これに対して男性複数形の政治は政治家達を示しており、この政治に政治学者は大いに関心をもっている――逆のこと、つまり政治家が政治学者に大いに関心をもつということはないにもかかわらず――。

そこで、このエッセーにおいては、我々の目的を男性形／女性形単数の政治（政治というもの／実際の政治）に限定することが合理的であるように思える。政治学（science politique）はその場合、政治的な場（champ politique）の研究になる。この政治的な場自体、それ自体で都市国家の秩序を構築するような、実際の政治の場（champ de la politique）を中心に構築されている。

政治哲学から政治学（la science politique）へ

偉大な歴史家であり社会学者であったイブン・ハルドゥーン（Ibn Khaldun）は一三七五年頃、歴史は次のようになってはじめて科学として構成されると考えていた。それは、歴史を産み出す社会が、歴史はもはやそれ自体、神の摂理のみによって司られるのではないということを理解する時である。したがって、社会科学がその正統性を社会的有用性という仮定から引き出している以上、社会科学は倫理からそのへその緒を切る必要がある。「倫理と政治の科学（sciences morales et politiques）」から、社会科学は「政治というものの科学（science du politique）」すなわち、「政治学（politologie）」に到達しなければならないのである。

社会学――したがって、政治学であればなおさらのことではあるが――は、次のような社会ではじめて誕生する。それは自分自身について自問する社会、自分の規範を疑問の対象とし、その機能や存在自体を問題視する社会、もはや自分自身が自分の外部にある秩序によってつなぎ止められているとは考えない、自身の制度をもはや自明の自然のものとは考えない社会、しかしながら、歴史は断絶であり、「善」に向かっての「悪」の単純な蓄積過程ではないということをも知りながら、堆積するような進歩性を完全には否定しない社会である。この場合には、民主的で共和的な都市国家が「善」の実現された完成パラダイムということになるだろう。しかしもちろん、どこかにプラトンとマキャヴェリの間のつながりが存在する。すなわち、都市国家を基礎付ける社会の叡智的な秩序は都市国家からは生じないということである。ギリシャアにおいて都市国家を基礎付けていたのは理性、聖アウグスティヌスやイブン・ターミーヤにおいては神、他のところにおいては宇宙や自然であった。

一六世紀に外部の秩序との断絶の口火が切られた。マキャヴェリやホッブズ——ただし、西洋人は常にマイモニデス（Maimonide）、イブン・トゥファイル（Ibn Tufayl）、イブン・ハズム（Ibn Hazm）といったアンダルシアの思想家達を忘れている——は倫理と政治との、いわば神学とそれ以外との分離を主張する。哲学、ここでは政治哲学のことだが、それは、もはや神学のはした女ではないという事実によって人類学的な道が開かれる。こうして「人文科学」が社会科学の出現を可能にする。（天地）創造／造物主／被造物／宇宙／神／自然／主体・臣民／主語・主体（création/créateur/créature/cosmos/Dieu/nature/sujet/sujet/sujet）という言説の移行は、法という考えを、したがって、一つの階級、我々においてはブルジョアジーという階級の出現を促す。この階級は世界をナシオン、国家、人民、法……（la Nation, l'Etat, le peuple,la Loi...）といった普遍的な語彙で考えることになるだろう。

さて、こうしたことは、数学的物理学が質的世界を計量可能な量の支配によって置き換える時に起こるのだ。つまり、自然（la Nature）は「もの（une chose）」に均一な空間になる。この空間は、神の意思や気紛れによってではなく、恒常的に繰り返し生じる現象に基づく認識可能な法則によって支配されている。

もちろん、その場合には、自然の本性（nature de la Nature）、したがって「人間」の本性についての問題が生じる。個人（individu）——我々は、この言葉が政治の語彙の中に現れたのはずっと後になってからであるということを今日忘れている――すなわち神の被造物はその活動・仕事・歴史・身分の裏で、人間が研究することができる「もの」、その個人の社会における位置や階級的な地位や状況の差、給料や文化によってのみ区別することができる「もの」になる。

こうして認識や理解のための技術・手段の総体が可能になる。そして学問分野は（人口統計学、政治経済学等）多様化し、やがて政治の主体／客体という独自性の問題が生じる。それは同時に、もう一つの別の言説によって、この新しい「もの」としての人間――統計がその法則を課すカテゴリーの集合の内に差異化された個人――が新しい哲学的地位を取り戻すことである。すなわち、人間が歴史をつくり、人間が自然を支配するという言説である。つまり、人間が世界についての言説を握っている主体なのである。

しかし、この発見が一つの進歩であるとはどこにも言われていない。唯物論は圧倒的になり、ついにはカール・マルクス（Karl Marx）が、人間と労働によって疎外された人間のその本性との和解を検討することになるだろう。人間が労働によってこれほど疎外されるということを考えれば、社会的に逸脱した人間を労働によって再教育すると主張する政治体制は、それだけにいっそう、驚くべきものになる……。

しかしながら、哲学者であるハンナ・アーレント（Hannah Arendt）が行った全体主義についての適切な読解をなおざりにすることなく、次のことを思い出そう。つまり、マルクスにとって、「生産力の発展」とは機械やエネルギーの増加と同一視されるものでは全くなく、自分達の共同生活を人間達が理解し、制御する社会的能力と同一視されるものである……。「洗い湯と一緒に赤ん坊を捨てた」つまり、有用な面を無視して、丸ごとダメとはねつけたために、すなわちこの場合は、マルクスの、人間の行動に対する社会的な決定性という指摘をもマルクス主義の批判の中で否定してしまったために、社会から自由になり、自分自身の所有者となった人間は、自立すると思った者もいたのである。自分の体を売る自由である。

その時自由は、絶対的な理念、プロシア国家の理念、プロテスタントの倫理、そして、社会契約における自由意思が交錯する間を揺れ動いていた。我々はルソー、ヘーゲル、あるいはウェーバーを全体主義の責任者に仕立て上げようなどとは全く思っていないが、ガヴロッシュは次のように歌いながら本当の問題を提起していた。「大革命後の不幸はヴォルテール、ルソーのせいである……」。デュルケムにとって社会学が社会物理学であったとすれば、ウェーバーにとって社会学とは、社会が自分自身を、その歴史を、そして、自分と他の社会との関係を意識する方法である。何人かはこの歴史の理論を作り上げようという野心をもっていた。そして彼等がそのことに失敗したとしても、そのことは、社会関係を理解できるものにするという務めが放棄されなければならないということを意味するのではない。認識は常に、「～に対（立）して（contre）」、つまり自分自身がその対象に対してもつ慣れ親しんだ感覚に「対（立）して」、私達を社会的・文化的に結合させるような

「常識」に「対（立）して」行われるのである。

その場合、「誤認（méconnaissance）」を産み出す客観的条件とはどのようなものだろうか。人間は、自分で自分のことを自分自身から隠す変装と複雑な影響の下で耐え忍び福音を説くのである。人間は他者を仮装させるというのは、自分達が仮装させられているからである。我々はみな「誤認」することにどこかで利益をもっているのである。だから、政治学は、常に忘れ去られた過去の再構成をする必要が、制度化されたシステムの内で再生産される社会的な想像の産物の復元である神話の痕跡（traces mythogènes）を探す必要がある。すなわち、隠されたものについての科学のみが存在するのである。

政治学者は、それがどのようなものであろうと、これらの根拠が自らの普遍性を主張する時でさえも、権力の正統化の根拠の法的な分析に満足することはないだろう。こうした理由のために、政治学は――たやすくはないが――公法から自らを区別したのであり、一方で法学部の教授達は、政治学が公法から自立しようとするこうした野望を抑えようと執拗に食い下がったのである。というのは、政治学の自立を認めると、法学部の教授達は（議論以前の自明のものとしてあらわれる）「ドクサ（doxa）」の独占的な解釈者としての聖職者的な機能を失うからである。法学部の教授達は、この機能を法学者達（légistes）からかなり苦労して手に入れていた。法学者達は、彼等自身、この機能を教会から奪い取っていたのである。

中心的な対象の探求——権力か、あるいは、自発的服従か？

ラ・ボエシが唯一の、まさにこれこそが問題であると言えるような問題を提起している。すなわち、人に命令を下すべき立場にあると思っている人々に服従する人々がいるというのはどういうわけだろうかという問題である。「これほど多くの人間、人民、国民が、時として、彼等が与えた権力以外の権力をもたない、全くの専制君主を支持するということが、どのようにしてあり得るのだろうか」。そして、もし所有権が侵すことのできない神聖なものであるとすれば、それはおそらく次のような理由からである。畑を柵で囲んで「これは俺のものだ」と言った最初の人間が、彼のことを信じるような素直な人々を見つけたからである……。実に、その人間が真の市民社会の発明者であったのだ！

その場合、市民的服従、自発的服従の謎が政治学の唯一の真の対象なのだろうか。ただし、きちんと提起された質問に明確に答えないということは、政治学の科学性の無効の事由にはならないのである。この点について言えば、たとえ政治学の前進がボエシ以来説得力のあるものではないとしても、そのことはむしろ、政治学がまさに科学であるということを意味しているだろう。

政治学は次のことを理解しようと努める。つまり、人間達は自分達が死すべき存在であるということ、自分達は生物学的プロセスを中断することを余儀なくされているということを知りながら、一見したところ自分の生を超えて存続するような諸制度の表象を作り出すことがどのようにしてできるのだろうかということである。したがって、政治学は政治システムの全体を分析するのである。システム全体を分析するために、政治学は、規範・メカニズム・制度・制度を基礎付ける信念の総体を研究する。また同様に、権威を分配し、社会的結合（cohésion sociale）を脅かすような紛争を解決することを可能にするプロセスの総体も研究する。

こうした総体は、また、希少資源、社会の様々なセクター、アクターに必要な資源を割り当てる際の諸原則を決定する。この原則には正統なエリートの選定も含まれている。

アメリカの政治学は、権力を掌握している人間の行動、そして、例えば有権者のような二次的なアクターの行動の研究を大いに発展させてきた。実際の政治を職業にしている者達だけを対象とした研究への傾向は、我々には困ったものに思える。というのも、このような研究では、政治に興味を持たない者によってすら感じられる（政治への）依存関係を十分に説明することができないからである。

したがって厳密に言えば、正統性の過程の研究だけが（政治学には）必要不可欠なのだ。というのは、正統な（あるいは少なくとも何とか我慢できる）政治的公式を産み出す能力だけが、政治というものの場（champ du politique）、そして、政治システムを構築するからである。政治システムがなければ政治は存在しないし、それゆえ政治学は存在しないのである。システムという言葉で我々が意味するものは、あらゆる部分が相互依存状態にあり、その結果、最小限の構造化と調整のメカニズムを持っている総体のことである。

政治というものの科学（la science du politique）の理想的な対象を求めて

したがって、政治学の特権的な対象の一つは政治システムの全体であるだろう。組織の理論から出発するこのシステムの研究は、現実の社会的関係を部分的に明るみに出すことを可能にした方法の一つであった。なるほど、これらの理論は次のように主張する。権力は、制度内である集団（職業集団、エリート、専門家、あるいは、単に、その制度内にいるという理由でアクターになる者達）によって占められる位置、および、この制度の資源を使用する能力から測定することができる。近代の組織／機関は、例えば公的な行政機関あるいは民間の経営組織、労働組合、教会等のように、特定の目的を追求するために構築された一つの社会的組織体である。

社会学の多くの学派がこうした視点を発展させた。しかし、出発点はまさしく、政治階級に関するガエターノ・モスカ（Gaetano Mosca）の理論、エリートに関するトーマス・B・ボットモア（Thomas B.Bottomore）の理論であるように見える。彼らは次のように主張している。政治階級は、自分達がそのゲームの規則を知っている組織の資源を使用する。この政治階級は、自分達が権力を掌握しているという事実のみから自分の権力を正統化することでは満足しない。政治階級は、その権力を倫理的・法的基礎の上に確立しようと努めるのだが、こうした倫理的・法的基礎は、政治階級が統治する社会の内で一般的に認められた信念や意見から生じるのである。

しかし、どのようにして社会の倫理的な統一性が法の内に表明されるのかを理解するためには、ウェーバー、そして、彼の官僚的支配に関する命題に頼る必要がある。この偉大なドイツ人の法学者／社会学者によれば、（当時、まだ政治学について語る者は一人もいなかった）三種類の権力を区別することができる。すなわち、階級として、あるいは、ステイタス・グループとして、相互に対立する利害の連関から生じる権力。次に、人に命令する権利、したがって、その者に従う義務を割り当てる権威に基づいた権力。つまり、この正統化された権力は権威の倫理的次元に関わっている。最後に、個人的なカリスマに基礎を置いた権力である（このカリスマという概念はあまりにも簡単に「リーダーシップ」という概念と混同されすぎている）。個人的なカリスマとは、私が自己を投影する人間の類い稀なる資質である。なぜならば、その人間が私の利害を守ってくれるからであり、ただし、とりわけ彼に対する信頼が彼の行動の直接的な理解を乗り越えるからである。

この本の青写真を少しばかりはみ出る権威とカリスマについて我々はもう少し先で論じることになるだろう。しかし、分析される権力の種類がどのようなものであろうと、その権力は組織との関係においてはじめて理解することができるということに変わりはない。

利害の連関の場合には、問題となる組織とは、連帯の感覚、あるいは、契約による結社に基づく組織である。これらの組織（あるいは制度）はそれ自体、より大きな組織の内で権力を産み出す衝突や結合と関わりがある。ここでは政党の例が適切である。最小の基本単位（cellule）あるいは区分（section）から、地域の機関、そして、ナショナルな、あるいは中央の組織まで、権力の諸賭金は上昇し、下降し、再び上昇する……。

権威の次元の場合には、問題となる組織は、常に少なくとも次の三つの要素を含んでいる。まず、権力の形式的あるいは実際の保持者。次に、その保持者の権力を構成する基盤。最後に、権力の対象となる臣民の確定。この最後の要素は支配ということを参照させる。

カリスマの場合には、「リーダーシップ」は、リーダーが作り出し、基礎付け、強化し、あるいは衰えさせる組織との関係においてのみ存在するのである。ブーランジェ（Boulanger）から、ド・ゴール（De Gaulle）、ル・ペン（Le Pen）まで、このカリスマの規則は常に確認することができる。

この組織（organisation）という概念には、単純な、複雑な、フォーマルな、インフォーマルな、社会的な、そして法的な制度の諸類型を全て含むという利点がある。そして、我々は、心理社会学者ジェイコブ・L・モレノ（Jacob L.Moreno）やアーヴィング・ゴフマン（Erving Goffman）の研究以来、この種の区別の意義を十分に知っている。すなわち、監獄や精神病院もまた同様に、幾人かの研究者が「政治的」と形容する権力関係を産み出すのである。そこのところでまたもや、我々は「幾人かの研究者」と言う。というのは、この点は政治学者達の内で激しい論争の対象となっているからである。

第二章　政治権力と社会的調整

「政治」という用語同様、「権力（pouvoir）」という言葉自体、多様な意味を含んでいる。つまり、権力という言葉は、意味作用（significations）の、記号表現（signifiants）と記号内容（signifiés）の多様性を思い出させる。我々は権力についての月並みな考えを一つ一つ挙げることができる。例えば、権力をもつ人間は誰でもその権力を乱用したくなる！　しかし、我々は「いわゆる権力（le Pouvoir）」、「警察国家の権力」、「行政機構の権力」、「独占企業の権力」、「お金の権力」、そして、「個人の権力」、「集団の権力」、「ブラック・パワーの権力」、「マフィアの権力」、あるいは、「国連の組織の権力」を同じように考えることができるのだろうか。

私が誰かにその意思に反して何かをさせるために私がもつことができる能力には、私がその誰かの父であるのか、その精神的指導者（グールー）であるのか、あるいは、警察官であるのかによって、重要な違いがあることを認める必要があるように思われる。例えば、最後に挙げたように、私が警察官である場合には私は力（force）を使うことができる。つまり、私は正統な暴力を使うのである。しかし、我々は（権力の分析において）力にだけ注目するわけにはいかない。というのは、物的あるいは象徴的、意識的あるいは無意識の強制が、社会の調整において決定的な役割を果たしているとしても、我々は利害や戦略といった他の理由によっても同様に服従するからである。

例えば、自分達の確信との関連で、我々は、自分達の行動を考えることができる。そしてその場合には、秩序が、無秩序を産み出す自分達の曖昧さに勝るのである。しかし、我々の行動は、過程の途中において生じる情報を考慮して、自分達の考えを、認識戦略として、また、行動の際のシナリオとして組織する能力にもまた結びついている。

政治学の様々な学派、研究者達の意見が一致しているように見える点の一つをここで思い出す必要がある。すなわち、権力とは人間の属性ではなく関係であるということである。向かい合う二人の当事者（個人、集団、政党等）が交換するべきものを何ももたない場合には、彼等はア・プリオリには権力関係に入ることはあり得ない。このことによって、権力の発見に役立つような定義、いわば、真実というよりは説明に役立つような定義を得ることができる。その場合、権力とは一方が他方以上に引き出すことができるような力の関係である。ただしこの関係において、他方が一方に対して完全に力を奪われるということは決してないのである。

したがって、権力とはアクターの自由、アクターの資源を動員する能力、そして、敵対する相手方に対して相互行為の結果を相手が確実にコントロールすることができないようにする能力に結びついている。

さて、最もうまく構造化されたシステム、社会的調整を最もよくコントロールするシステムが、今日、支配的な位置にある。ここでは、システムのテクノロジー制御によってシステムを構成する諸部分間の不平等は悪化し、戦略的な合理的計算はもはやアクターの手の届く範囲を超えている。

政治学はこうした成り行きに従い、その場合、実際の政治を職業とする者達のみを、すなわち自らを自分自身の鑑定書によって正統化する鑑定書の権力を研究し始めるのである。つまり、政治学が時として科学万能主義の中に迷い込むように、政治学者の中には、ウェーバーの警告や意見に別れを告げて「政治屋」になり、「政治的に正しいもの」を定義し始める者もいるのである。ウェーバーの警告、意見とは、学者という仕事（métier）と政治家という仕事は同じように責任を負っているわけではないということである。権力は単に抑圧に奉仕するだけではなく、社会の骨組みを知によって組織化するだけに、ウェーバーの警告はよりいっそう重要である。

権力から政治権力へ

権力がかつて採っていた、あるいは現在採っている形態がどのようなものであれ、権力とは単に支配ではなく交換である。すなわち、我々が既に見たように、権力とは二元相補的な関係である。

つまり、奴隷なくして主人は存在しないのである。我々はこのことをラ・ボエシ以来、ドニ・ディドロ（Denis Diderot）の『運命論者ジャックとその主人（*Jacques le Fataliste*）』といった著作、ヘーゲルといった人々を通してよく知っている。さらに、権力は権威への共有される信頼の領域に関わっている。要するに、命令を下す者は、自分がそのようにする、つまり、何かを命じる権力あるいは権利をもっていると本当に思っているのである。そして、この命令を受け入れる者は、その命令への服従は自分の義務だと本当に思っているのである。社会化（socialisation）によってアクター達はある種の諸価値を内面化させられるが、この諸価値によって社会におけるある生活様式が受容されるのである。社会化（これはどちらかと言えば、社会学者、さらには心理学者が研究しているのだが）が政治権力の謎を解く鍵の一つである。あまりにも早く逝ってしまった我々の同僚、アニック・ペルシュロン（Annick Percheron）は、この社会化の意義をしっかりと理解していた。

集団的目的のために義務を果たそうと、正統な権力はその時、反抗する者や逸脱する者に対して強制や制裁の手段を自由に使うのである。権力の行使を正統化する役割を果たす権威は、制度としては存在せず、コードとしてはじめて存在するということもあり得る。このコードの枠内で、権力の使用が媒体として組織されるのである。もちろん、西洋の複雑な社会において権威は制度化されている。イギリスは、フランスのジャコバン主義者、エナルク（énarques：国立行政学院E.N.A.の卒業者）、そして、法律学の教授達を常に驚かせるような柔軟な権威の形態の事例（判例法）を提供してはいるけれども。

ウェーバーは権力と権威の間のこの分節を理念型として表現した。権威とは合法的（légalo-rationnelle）であるか、伝統的であるか、カリスマ的であるかのいずれかである。そして、こうした互いに重なりあうこともあるカテゴリーとの関連で、服従あるいは自発的服従のメカニズムは異なるのだ。

その場合、権威とは一種の制度的なコードであり、このコードの枠内で、権力は媒体として組織される――このことは、権威が常に制度化されているということを意味するわけではない――。どのような集団も支配と隷属の役割を組織する。つまり、社会は常に支配関係の集合である。

この意味で、国家・教会・企業・政党は支配の組織である。権力とは、単にシステムとしての社会の内で、そして、社会の名の下に、ある機能を満たすための手段ではないのである。タルコット・パーソンズ（Talcott Parsons）の定義にしたがえば、権力とはまた不平等の要素であり、紛争を産み出すものである。機能主義者達によれば、権力とは、社会的結合「および」権力をもっている諸集団の利益にとって機能的である。まさに、この「および」のために我々は紛争の側面を、権力の主要な面だと考えるのである。

権力と支配――服従の謎

政治学は必ず影響力の問題にぶつかるのだが、未だにこの問題を解くことができないでいる。そして、最も権威ある研究者達は、説得、影響、(パーソンズによれば肯定的、あるいは、否定的な) 制裁の脅迫と、非物理的あるいは象徴的ではあるが実際の効果を産み出す行動とを明確に区別することに成功していない。この行動は、あるアクターの状況を、その者に不利にもしくは有利に修正し、その結果そのアクターは他のアクターに対する自分の態度 (例えば、投票) を変えるのである。

ここで我々が主張することは、政治学の不確定な科学性に関わっているのではなく、政治学者達が、政治的服従の複合性を説明することができるような概念的カテゴリーを作り出す際に抱える困難さに関わっているのである。政治学は、政治的服従の複合性を「説明する」と自負できるほどの手段を手に入れることができないでいる。このように、政治学が説明のための十分な手段をもたないということは、政治学の完全な破綻ではなくて、政治学の抱える問題の一つにすぎない。例えば、メンドレイエフの表は、この表の作者の死後もずっと埋め続けられている……。

たとえウェーバーが、官僚制が合理的な支配の最も完全な形態であると思っていたとしても、今日、我々は (とりわけ、ミシェル・クロジエ (Michel Crozier) やエラール・フライデルベルグ (Erhard

Friedberg）の研究のおかげで）、複雑な諸社会の進展はこれまで以上に全体論的であると同時に、これまでよりもより細かなアプローチを必要とするということを知っている。このアプローチは、根本的に懐疑的な（ポスト・モダンな？）社会の政治的行為を明らかにするために、個人の精神病理の分析まで行き着くようなものである。

またしても、そこにおいて政治学者達は、市民として、あるいは何らかの価値に従う者として、罠にかけられるのである。つまり、実際の政治が政治的秩序の規則を目に見えないものにすることに役立つとすれば、政治学者は、権力を目に見えるものにすることによって王様は裸であるということを明かし、したがって、自分に報酬を支払い、自分を養っている自分自身が生活する社会を困難な状態に陥らせるのである。ただし幸運なことに、政治学者は都市においてほとんどあるかないかの影響力しかもっていない。

さらに、我々は次のことを知っている。それは力の関係の認識が、自分の手の及ばない権力を承認している主体を結合する象徴的な関係、さらには精神病理的な関係を理解するための唯一の鍵ではないと政治学者は言うことができるということである。その場合、政治学者は現体制を正統化するような言説を産み出すのである。つまり、政治学の観点から述べられることが政治的なのである。ただし、そうすることによって、政治学を職業とする者達は、政治的言説を独占する彼等、つまり、実際の政治を職業とする者達を正統化するのである。別な言葉でいえば、政治学を職業とする者達の集団と、実際の政治を職業とする者達の集団との間の客観的には存在する同盟関係が、最も徹底した、政治的労働の社会的な分割に貢献するのである。すなわち、科学と実際の政治をめぐる公的な言説の間には、明確に区別するべき異なった能力が存在するという考えを強く主張するということである。これは、ブルデューが「政治的嗜好（goût politique）」と名付けたものである！　したがって、一方で、実際の政治を自分達の問題ではないと認める人々がおり、他方で、実際の政治を研究することに自分達は熟練していると思っている者達の、ほとんど批判的になることはない眼差しの下で、自分達が実際の政治に携わることを正統であると感じる人々がいるのである。自分達が実際の政治を研究することに長けていると思っている人々にとっては、手当の配分、調査や研究ポストに関するわずかばかりの資金の分配の他には重大な結果など存在しないのである。

さて、政治家達と政治学者達は、どちらかといえば自然のなりゆきとして自分達自身について問題を提起することを避ける傾向がある。なぜならば、彼等は自分達の位置の正統性を内面化しているからである。多くの政治学者は、政治家達と密接に結びつこうと、自分達と彼等を繋ぐ様々な連絡路を中央官庁の非公式の場にすらつくり出すことを密かに望んでいるだけに、自分達や彼等の正統性を問うことを避けるのだ。

服従と正統化

共同体や社会によってもたらされるコスモロジー、世界観（Weltanschauung）、そして象徴的構築物の相違がどのようなものであるとしても、それが学者であろうとなかろうと、観察者達はいたるところで、諸個人を集合し、集団管理するメカニズムを指摘している。このメカニズムが制度を通して共同体や社会に共通で必要な諸活動を組織するのである。この諸活動は安定しているものでも同質的なものでもなく、変化しやすく、この活動の恒常性自体が政治的な問題なのである。

どのような社会も、これを通して諸利害の布置が表明されるような、対立と協力の諸プロセスの間にうまく「折り合い（arrangement）」を付けているように見える。集団の内側では逸脱者達に対する、外側では敵に対する暴力の正統で独占的な使用は、この対立と協力のプロセスの「折り合い」に基づいているのである。したがって、権威の正統化のプロセスが政治分析のカギの一つであり、その場合、政治分析の主たる対象の一つはこの「折り合い」の付け方である。この「折り合い」の付け方だけが正統な権威への服従を説明するのである。

政治システムとはその場合、抑えきれない多元性を、それが個人あるいは共同体の水準に止まっている場合に、中性化もしくは並立可能にするメカニズム、あるいは過程の（サイバネティックな！）

総体である。しかしさらに、このシステムは、互いに対立さえするような多様なアクターが互いに矛盾するような諸目的のために協力することを可能にする。その中には、システムの統一性、あるいはその多元性の間の均衡を一気に破壊することなく、システムを変更することも含まれる。システムが正統である場合には、このシステムによって、市民として構築される社会的アクターの参加、したがって、言葉の厳密な意味での政治行動が可能になる。

しかし、このような論証は、正統化の過程の研究に自分の時間の大部分を費やすような政治学者はほとんどいないという事実につまずく。したがって、政治学者という職業が作り上げる道具と、研究を統計学ではなく政治哲学へと向かわせるような政治学の根本的な諸問題との間には、一度ならず、ずれが存在する。この状況は次のような事実から生じるものである。つまり、他の全ての学者同様、政治学者もまた市民であるという事実、つまり、政治学者の目的は政治学者を自分が生活する社会に対する裏切りの危険、さらには二重人格の危険にさらすことがあるという事実である。したがって、政治学者は時として自己検閲することを選択するし、極めて稀なことだが、自分が生活する社会の価値に対立するような成果を生み出すよりはむしろ、自分で政治学者としての自分を「去勢」することを選ぶことすらあるのだ。自分を正統化するために、政治学者は政治学者の「歌ミサ」／学会（grnad-messes）に参加する。このミサは、明確な科学的賭金の後ろに隠された、個人的な戦略や紛争を明らかにする。つまり、問題は依然として、常に「場」において正統に話すことに関して、誰が正統であるのかを決定すること、したがって、新たに「場」に入ってくる者に対して「場」の状況を示すような指標を設置することである！　市民社会と同じように、政治学者は全員が平等であるが、幾人かの政治学者は他の政治学者「以上に」平等なのである。

統治者と被統治者あるいは還元主義の誘惑

権力は理論的には政治共同体（政治共同体の定義もまた、政治学者が与える問題である！）に奉仕するが、同様に、正統化の政治的公式を通じて政治共同体に行使される拘束でもある。この場合には、政治的公式は、知識の進歩のためではなく、権力を保持する者達の利害に左右される。思弁的な理論がテクノロジーになるのである。

我々はそこで、モスカが既に予感していたような政治学全体の「いろは」に辿り着く。つまり、統治者と被統治者が存在するということである。もちろん、我々はこの公式をより複雑な観点から表現することができる。例えば、支配者達／被支配者達、同意する者達／しない者達、服従する者／しない者などの簡単な二項対立的図式を捨てることもできる。

どのような組織の内にも、権力に対して異なった位置が存在する。これらの位置が、敵対関係にある諸集団を産み出すのである。この諸集団を二つのカテゴリーに区別することができる。それは、準集団と利益集団、インフォーマルな集団とフォーマルな集団など、結局のところマルクスが、階級の意識を備えているだけの対自的な階級に対する即自的な階級と名づけていたところのものである！

準集団のメンバー達は潜在的な利害をもっており、これらの利害が、組織におけるこのメンバーの位置を考慮した場合、予期されるような行動を産み出すのである。例えば、政治学を専攻する学生、労働者あるいはサラリーマン、何らかの党のメンバーは、次のようにすることで自分の成功のチャンスを高めようと努めることができるのだ。つまり、現在自分のいるシステムを利用することによって、もしくは、このシステムの内で権力を握っている者に圧力をかけることによって、もしくは、システムを修正するよう働きかけることによってである。

これらの利害は現実のものではないし、アクターの意識的な方向付けから独立している。例えば、あるサラリーマンが単なる給与の増額以外のものを追求するということがあり得る。つまり、象徴的な報酬、短縮された、もしくはより柔軟な勤務時間割、より良い労働条件等である。

これらの「客観的には存在する」利害が、組織のメンバーの意識の内で心理的な現実性を獲得する時、これらの（それまで潜在的であった）利害は明白な利害になり、そしてその場合には、この利害が、集団としての意識をもった集団の構築において主要な役割を果たすのである。その時、準集団は、利害集団という意味で一つの階級になる。その階級のイデオロギーやその階級に共通する文化の存在がどのようなものであれ、いわば、それは支配構造の内で権力の異なった分配によって産み出される、他と敵対関係にある一つの集団である。

しかし、指導者のカテゴリーの指名を通して（ロバート・ダール（Robert Dahl）の著した政治学の有名な叢書の書名によれば、『誰が統治するのか』）、誰が現実に権力を行使するのか、誰が権力を握っているのかを理解するのはそれほど容易なことではない。この問題は、政治参加と政治的社会化の研究を通すことでより扱いやすくなる。

第三章　政治参加と政治行動

政治権力が多様な相互行為によって組織された一つのシステムであり、その有効性が、強制力の、決して完全になることはない独占と、最低限の正統性の追求との独自の結合に基づいているとすれば、その場合、参加がこのシステムを実際に機能するものにする。しかし、参加はそれ自体、人を結合させるような最低限の主要な価値と、因果関係・時間・空間に関する悟性的認識の一致が存在する場合にはじめて現実のものとなるのである。したがって、参加は政治的社会化の成功にかかっている。

そこで再び、政治学は計量化することが難しい領域に関わる。たとえ政治学が、政治に関する社会的アクターの意見や態度の理解のために、科学的な道具立てを明確に定義して、使用したとしてもである。

政治学について本を著す者達あるいは政治学の理論家達の大半は、政治参加を、義務的で避けて通ることができないものとして扱っている。しかしたとえ、政治学者という職業が政治参加を規範的に考えるとしても、この「政治参加」という概念の実際の内容は、政治学者達が扱う以上に幅の広いものである。政治参加の実際の内容は圧倒的に、有権者の選択から始まる民主主義という枠の中で扱われている。したがって、その内容は「代表者の自由な選択」の実践へと還元されている。この実践が、民主的に皆が与った諸決定の作成へと到り、こうして統治者達の責任を生じさせるのである。しかし依然としてブラック・ボックスは残っている。それは、決定に関する権力は実際にはどのように機能するのだろうかということである。

市民社会（暴力、ロビー活動、マフィア、秘密社会、恩顧主義や族内婚（同じような社会カテゴリー間での結婚）、エスニシティーや性に関するものをも含むような差異の要求など）によって産み出される競争のダイナミクスの論理が政治参加の過程に組み込まれることはほとんどない。政治参加とは一種の原罪をもたらすようなものなのである。非合理性はまっとうな研究の対象にはなり得ないのである！したがって我々はまさに規範的な領域にいるのである。ただし政治学者達は、そうすることによって後で次のことに注目するかもしれない。つまり、政治学者達は政治的な領域に最も直接的に結びついている表象／代表（représentation）だけを正統であると認めているということである。つまり、市民教育（instruction civique）とは政治教育（éducation politique）と同義なのだ！　だから政治学者達はリセ（lycée：高校）の「第一学級（première：日本での二年生）」のプログラムに、「政治学」が取り入れられたことを誇りに思っている。ただし「政治学」を担当する教師の多くは政治学者ではなく、市民教育を行うのではあるが。

政治的社会化とはまさに社会的組み込み（insertion）として理解できる。この社会的統合の過程では、思考し行動する主体としての社会化される者をほとんど重視しないのである！　この主体が社会調整のメカニズムが機能することを可能にするような規範を内面化するとしても、時として、主体がとる驚くべき無行動（inconduite）を合理化することができないこともある。その場合、この無行動は「差異主義者（diifférencialistes）」の観点からスティグマ化されるのである。とりわけ、郊外でものを破壊する若いブール（Beur：マグレブ系移民新世代）の無行動がスティグマ化されている……。

社会学者達は、どちらかといえばうまくこの政治的社会化の問題を扱っている。政治学者達はといえば、規範的な行動にこだわることで、彼等の大半は自分達が社会の中心にいるということを明らかにしている。なぜならば、彼等は中心出身者であり「統治（policés）」されているからである。このことによって政治学者達が以前よりも科学的でなくなるということはない。というのは、まさに政治学者達は政治行為は参加から生じるということを主張するからである。

政治参加から政治行動へ

政治学者達は、社会学者達が研究するような家族・学校・仲間集団（groupes de pairs）といった互いに競争関係にある社会化の装置についてはよく理解していない。しかしながら、政治学者達は次のことは認めている。つまり、基本的な社会化（socialisation de base）が、子供が生きるよう宿命づけられた社会環境への一定の規則に従った適応であるとすれば、子供の政治的社会化とは、政治的表象と態度を産み出す個人のシステムの生成と変容のメカニズムと、その過程を指し示しているということである。この個人のシステムが、実際の、あるいは漠然とした支持によって、政治システムの存続に寄与するのである。

そして、政治学者のペルシュロンは次のことを明らかにしている。政治的社会化とは、規範、ゲームの規則、原則の受容を含意しているということ。そして、この政治的社会化の研究においては、多くの研究者達が、社会的に識別することができるカテゴリーによって、量的に測定することができる参加の形態と程度を計算することで満足しているということである。つまり我々は、パリに住む独身の褐色の髪をしたカトリック教徒の女性の投票との関連で、田舎で生活する二人の子供をもつプロテスタントの既婚の女性の投票についてはほとんど全てを知っている。

こうした研究は「科学的」ではあるが、権威への服従のメカニズムの核心についてはほとんど何も明らかにしない。つまり、文句のつけようがない前提として置かれている（普遍的価値としての）民主主義の受容はそれほど明白ではないのだ。すなわち、民主主義の受容とは、選択の手段としての投票のメカニズム、および、自立した個人と政治を職業とする者達、国家、官僚（les autorités）との間の正統な仲介者としての政党システムの受容を含意している。この意味で、「地域研究（areas studies）」を行う人類学者達（すなわち、ある地域、例えばアラブ世界やラテン・アメリカ等の専門家達）あるいは政治学者達は、次のような同僚に倣うことはできない。この同僚達は、政治家達と同じように、作家サルマン・ラシュディ（Salman Rushdie）を断罪する「宗教見解」としてのファトワ（fatwa）は許しがたく、「イスラーム救国戦線（le Front islamique du salut）」あるいは、フランスでの活動を禁じられたバスク人による政党であるイパレタラク（Iparetarrak）は正統性を欠いているばかりでなく犯罪的な集団であり、イラク系のクルド人にはトルコ系のクルド人、ましてやチベット人以上に注意しなければならない、と考える。すなわち政治学者は、共同体や社会おいて自分が生活する際に依拠する価値と、共同体や社会について自分が科学的に見出したものとの間で身動きできなくなっている。

中心の政治学者は、どちらかといえば「政治的に正しい」行動に一致するものを正しい政治参加と考える傾向がある。こうした政治学者の傾向は科学的にも十分に理解することができるが、逆説的に、こうした傾向によっては、都市における政治学者に固有の地位が産み出されることはなかったのである。

誰が政治というもののアクターであるのか？

まさにそこにフランスの政治学者達の「ゴルディアスの結び目」があるのだ。つまりフランスの政治学者達は、単に「統治」され、「文明化されている（civilisés）」だけではなく、彼等は「政治的に正しい」のである。政治学者の中には、権力を得るためにあちこち駆けずり回り、大変な努力をする者もいる。また他の政治学者達は、「統治」され過ぎて、自分達自身に対して、とりわけ政治学者の内で最も科学的な政治学者達に対して誠実になることができない。そして、アウトサイダー（outsiders）はほとんど存在しないのである。しかし、たとえ政治学者達がここでは糾弾されるように見えるとしても、政治学者達の二元対立、あるいはほとんど精神分裂的ともいえるような断絶の危険は、彼等にその原因があるわけではない。こうした危険は、政治的アクター達自身、つまり市民と政治家達に原因があるのである。彼等は「漁夫の利を得る者（troisiemè larron）」が自分達の間に入り込むことを望まないのである。さらに、第三の道は、この道を選んだ者達にとっては常に災いをもたらしているのである……。

何故ゆえに？　かなり興味深いことに、問題は形而上的なものではなく実際のものである。すなわち、服従することを自由にあるいは無意識に選択する者達は、自分には命令する義務があると思っている者達同様、第三者が自分達の暗黙の行動を司る滑らかに機能するメカニズムを白日の下にさらすことにいかなる意欲も湧かないし、そのことによって何らかの利益を得ることもないのである。エントロピーが世界を導くとすれば、実際の政治を導くのは慣性であり、各人は慣性の内に自分の利益を見出すのである。偽りの歴史は本当の歴史よりもうまく機能するのである。そして、政治学者達は「人々の思考を暗黙のうちに規定しているような神話（mythes fondateurs）」を次々と解読し明らかにしてしまうのだから、彼等は自ら自分達の立場を危うくしているのである。

別の言葉でいえば、我々は、政治的アクター達の側からの、政治というものを理解したいという実際の社会的要求は存在しないと主張するということである。ただ政治学者達だけが、彼等が現実の社会的機能を果たさなくとも彼等のことを養ってくれるようなある程度自由な社会において、政治学を産み出すことによって何らかの利益を得るのである。まさに自分の望みの一部を象徴的に満足させるために。つまり、人間は好奇心の強い動物であるが、大体において人間は自分が生き延びるために、何も知らないままでいることを選ぶのである。そもそも全体主義国家には政治学者達は存在しない。イデオローグで十分ことは足りるのである。したがって、貧しい社会では一般的に政治そのものを省いてしまうということを考えれば、政治学者達は豊かな社会の「踊り手」なのである。既にカントは、どのようにして、服従と自分の自由を用いる能力とを結び付けることができるのかという問題を提起していた。人はいつでも、自由な思考やそうした思考を保障する制度といったものを捨て去る可能性があるのだ。その場合、政治というものが喪失され、したがって政治学者達は消滅する。

脇にそれてしまうが、脱植民地後の人類学者達（ここで我々はジョルジュ・バランディエ（George Balandier）やジャンヌ・ファヴレ＝サーダ（Jeanne Favret-Saada）、あるいはジャン＝フランソワ・バイアール（Jean-Francois Bayart）を考えている）の研究を学ぶことは、政治学者達が自分達自身の家で何がうまくいかないのかを理解するのに役に立つだろう。というのは、政治学者達は「自発的服従」という、つかみどころのない対象を抱え驚き覚めやらぬからである。

結　論

政治というものの変身として、「聖なるもの」が回帰するのだろうか？　「神（Dieu）」の復讐あるいは宗教の回帰？　そんなことではないのだ！　権力の現実性は共有された信念―信仰の問題である以上、宗教が再び現れるということはないのである。というのは、宗教が「急に駆け出した」というわけではないからである。宗教と政治というものは常に密接にからみ合っていたのだ。だから、ただオーギュスト・コント（Auguste Comte）の勝利を支持する者達だけが世俗化によって、この前近代の非合理的な「残滓（scorie）」である宗教が歴史の闇の中に忘れ去られたのだと信じていたということである。フランス型の政教分離原則（laïcité）は、「歴史」において例のない一時的な突発事であるということを納得するためには、次のことで十分である。つまり、選挙の時に、フランソワ・ミッテラン（François Mitterrand）が、パンテオン（Panthéon）でロザリオをつまぐって祈った儀式を分析すれば、また偉大なエルンスト・H・カントーロヴィチ（Ernst H. Kantorowicz）が（彼は『王の二つの身体』の著者であり、その理論によれば権力は世俗的な外見と聖的な本質を備えている）ミッテランの、ジャルナック（Jarnac）とパリのノートルダム（Notre Dame）での二重の葬儀についてコメントするのを想像してみればよいのである。

それでも依然として、想像される空間と現実に存在する全ての人間に共通する場所とを混同する危険があることには変わりはない。さて、この脆い均衡において、非政治化、あるいは政治というもののフォークロア化の下に起きるのが「グローバル化（mondialisation）」の過程である。この過程が、「ミクロ」なものとはいえ反社会的なものの登場を導くのである。反社会的なものとは、新しい諸セクト、新たな疑わしい諸政党（極右等）、それればかりではなく、ネオ・ノマディズム（néonomadisme）、ネオ・トリヴァリズム（néotribalisme）、ネオ・パロキアリズム（néoparochialisme）、世界化されてはいるが地域に根ざした文化、仲間内の文化、マッシリア・サウンドシステム

(Massilia Sound System) やイ・マーヴリニ (I Muvrini) 等の地域への愛着を強く打ち出したポップフォーク (pop-folk) の文化の一般化である。こうした反社会的なものは、政治学者達によって立派な研究対象であるとは未だ認められていない。つまり、未開状態へのノスタルジーを扱うこと、スターバト・マーテル (Stabat Mater：キリストが磔にされた時の聖母マリアの悲しみを歌う賛美歌) からＮＴＭ (Nique Ta mère：パリ郊外の若者生活を歌うラップグループ) へ、カエサル・教皇主義から多宗派主義 (multiconfessionnel) へと移行するのは容易なことではないのだ。

デュルケムは、時間と空間と、さらには因果関係についての悟性的認識が一致し、それによって世界を認識するための秩序が構築されると信じていた。今日では、空間は、少なくともナショナルな空間はもはや存在しない。そして、時間はその姿をころころと変え、湾曲し、状況に応じて調子を変える。現実は仮想的に (virtuel) なっている。社会の各セクターは残らず、正統な制度の権威を、さらには、「政治的に正しい」宗教のシンボルを逃れている。

しかしながら、宗教と政治というもの、あるいは、宗教と実際の政治とは、世界に関する正統で科学的な言説の独占をめぐる対立と、利害の絡む賭金とが交錯するところに常にある。さて、数学的に捉えることのできる、さもなければ理解することのできるコスモス、そして、存在の存在論的統一体のコスモスから、開かれた空間への移行は、問題の与件を一変させるのである。宗教と政治というものは互いに溶け合い行き来するが、消え去ることはないのだ。つまり、人間は、神を、王を、そして父を殺したが、神性もフェティッシュも殺してはいないのだ。マッキントッシュ(Macintosh)、マクルーハン(McLuhan)、そしてマクドナルド(McDonald's)は、科学・理性・進歩の三位一体にとって代わったのだろうか?

自覚的な市民である、近代的、すなわち政治的人間は、科学的に確立された政治が存在することをもはや信じてはいない。逆説的に、この市民は、社会的諸関係を白日の下にさらすであろう政治というものに関する科学については、以前よりもいっそう語ることにためらいを示すのである。というのは、人は科学的な厳密性よりも、それらしきものの方を好むのであるから。

さて、**政治学は今日、二重の矛盾を味わっている**。つまり、政治学は科学性をもたない学問であるのではないかと胡散臭く思われているのであるが、政治学はあえて、**科学的な場の境界線ぎりぎりのところに位置している**のである。

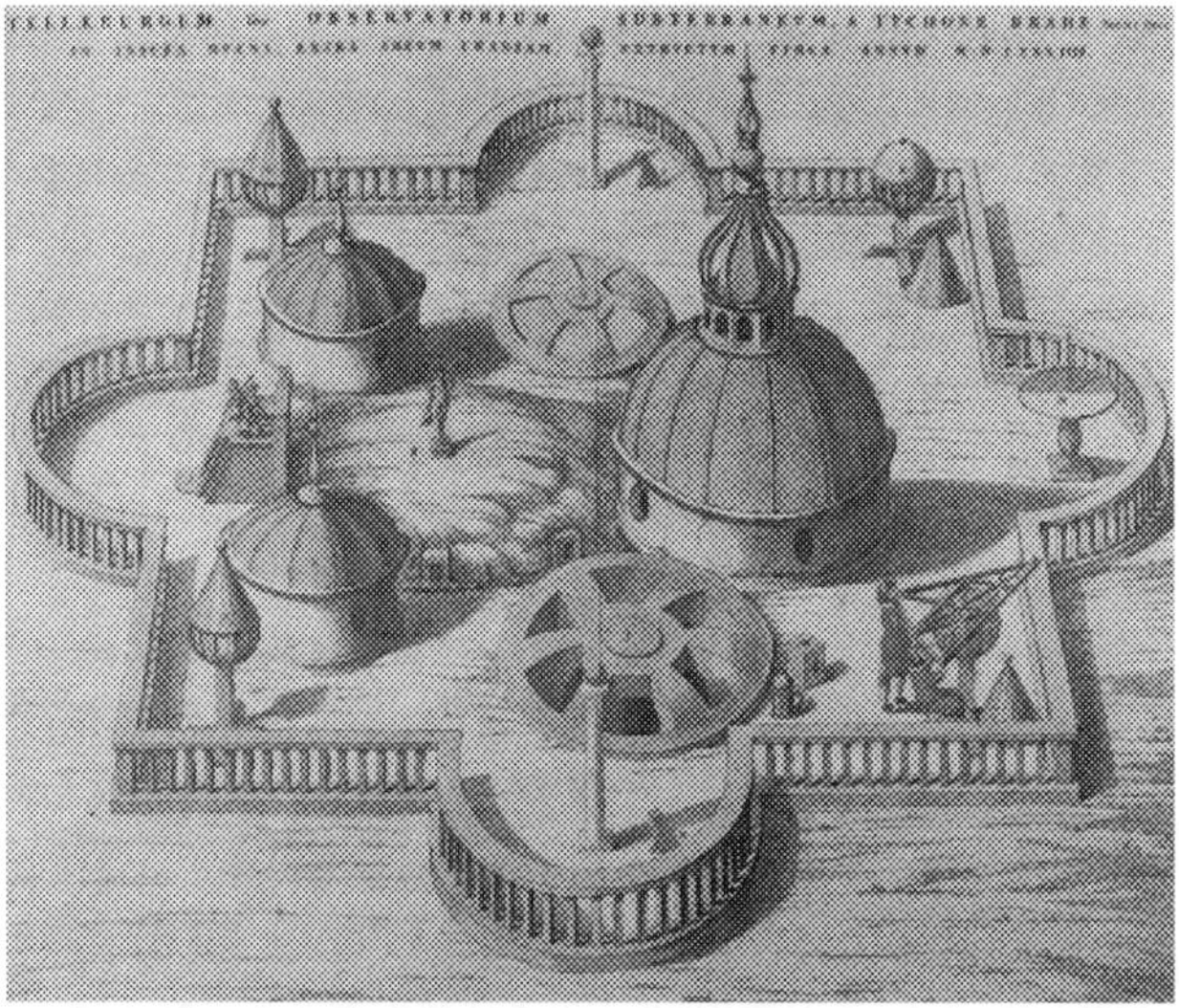

ティコ・ブラーエの天文台

科学的な社会を作り出そうという誘惑は、常にこのような原型に突き当たる。

天文台は真の曼荼羅であり、こうして、人類学者の次のような意見を確認している。すなわち、政治的動物はまた天文学者—占星学者（astologon）でもあるということである。

天文学者—占星学者は星を眺め、天空をモデルに都市やピラミッドを作り上げるのである。

Extrait de Cosmographie de Joannes Blaeu, Bibliothèque de Genève.© Ph. Explorer Archives.

第二部　周辺の周辺科学としての政治学

社会科学は、「公共政策（politiques publiques）」を、自然科学式に産み出すことができるのだろうか。社会科学は、マクロ―社会的な機能を果たすことができるような水準の、社会的正統性、集団的承認を獲得しているのだろうか。実際のところ、これら社会科学が得た成果は、それらが一時的なものであるにせよ、我々の「想像的なもの（imaginaires）」を作り変えたり、我々の社会的表象を産み出したり、実践を変えたりするのだろうか。それとも、こうした成果は、やはり役に立たないものであり、社会科学以外の科学に携わる者達や市民達からは科学的であるとは認められていないような、限られた数の成員からなるサークルの中でのみ情報として通用する、いわゆる「純粋な」認識のための死んだような対象であるのだろうか。

社会科学の中で、科学的な場、ならびに、社会的な場において、政治学は周辺的な科学である。この政治学は他の社会科学と同じような「ありふれた（comme les autres）」社会科学の一つなのだろうか。まず、我々は政治学の科学性がどのように構築されたのかを、もともと経済学の理論である中心―周辺モデル（六三頁を参照）を当てはめてみることで把握する。そして、政治学は、どの点において、科学的な場における周辺科学であるといえるのか、さらに、政治学は、どの点において、政治的な場、社会的な場における周辺科学であるといえるのかを明らかにする。

人間の科学が、その対象、その方法論、その認識論上の地位をもった、一つの自立した認識の領域を構成できるだろうという考えは最近のものである。ミシェル・フライタグ（Michel Freitag）によれば、社会に関する科学的な認識の企てを、近代の社会変容の過程を正当化する言説として理解する必要がある。なぜならば、この企ては近代の発展と同時に生じる危機的状況において誕生するからである。

こうした危機は、伝統との断絶の時期に、個人主義的で合理主義的な近代のダイナミックな運動が重なることで作り出されるのである。だから伝統的な社会は、社会科学を必要としない。つまり、伝統的な社会においては、共通の文化的価値基準が、実践や社会関係の統合・調整・表象の機能を満たすのである。そして、個人の実践の一つ一つが、社会の総体としての表象の内に再統合される。この社会においては、公的な領域と私的な領域とは互いに錯綜している。

近代化にともなう経済活動の自立化と国家の発展は、制度化の権力を正当化する言説をあらかじめ必要とし、「共通の経験（expérience commune）」を恣意的で偶発的なものとして、周辺へ廃棄することを当然と考える。偶発的なものとして理解される伝統から個人が解放されることによって、理性に基礎を置く社会を新たに産み出すことが企てられる。その場合、個別的な理性は全て、普遍的な理性の内で結合される。この普遍的な理性とは、一種の「社会の自然法（loi naturelle des sociétés）」を決定する「実践理性（raison pratique）」と関連しており、結果的に正統で不可欠の社会秩序をもたらすのである。その場合、「個人」の優位に基礎付けられた資本主義経済の論理を背景に、社会的紐帯（lien social）を基礎付けるような社会的結合の主要な価値を生産・再生産することが、客観的に見た場合には社会科学の機能となる。

したがって、社会科学は資本主義に必要不可欠な合理化から生じるのである。近代国家の登場によって引き継がれる産業革命は社会科学の「商品化（marchandisation）」に到り、この「商品化」は様々な科学的研究分野の機能的な専門化によって促されるのである。

社会科学の誕生が、我々の社会において進行中の「近代」の過程に附随するものだとしても、学問としての政治学は、科学的な場の中に他の学問よりも遅れて登場する。たとえ政治というものについての知識の探究が、社会科学の探究よりも早い時期に始まっていたとしてもである。政治学は、固有の（いくつかの）対象、方法論、そして（政治学者達の）科学「共同体」を持ち、一つの研究分野を形づくるのに十分なくらい特殊であると想定される世界についての独特の眼差しから生じるのである。政治学の誕生の歴史とは、政治学が自らの学問としての自立性を公法・哲学・社会学に対して承認させるための、戦いの歴史である。流動的で他の研究分野からの影響を受けやすい境界線と、歴史的に変動する中心的研究対象をもつ研究分野としての政治学の科学性の構築は、ある理論モデルによって把握することができる。

このエッセーは、中心—周辺パラダイムによって、一般的であるが政治学に固有の科学的合理化の過程を明らかにすることができるという仮説に基づいている。科学の社会的な分割や、社会科学の科学性が歴史的に構築されるのをこのモデルによって把握することができるとしたら、それは、ある研究分野に科学性が認められるのは、事実としてその研究分野に科学性があるからではなく、科学性をめぐる闘争の結果、その研究分野に対する科学性の承認が獲得されたということを意味するからである。

このようなアプローチが有効性をもつには、次のような二重の条件を満たす必要がある。それは、使用するモデルの系譜学を行い、このモデルを使用する際の有効性の認識論的な条件を定めるということである。

第一章 中心―周辺モデルの物差による科学性

モデルの系譜学

中心―周辺モデルは従属理論の内に位置付けられる。従属理論は、資本主義の発達した国々と第三世界の国々との関係のモデルを産み出すために、概念的な構築物として作り上げられた。経済的・政治的ダイナミクスを把握するための形式・技術としてこの理論が出現したということをしっかりと認識しなければ、この理論を理解することはできないのである。一九六〇年代、知的な場を支配していたのは発展についての自由主義理論であった。この理論を考え出したのは、アメリカ人経済学者、ウォルト・W・ロストウ（Walt W.Rostow）である。従属理論は、自由主義的なモデルと断絶するものとして提起された。そしてこの理論は、もともと当時のラテンアメリカの国々の経済発展の理由を説明していた。

発展のいわゆる「遅れ（retard）」についてのロストウによる理論は、モデルとして想定された西洋の産業化の経験に基づいている。この理論によれば、どのような国も発展に必要ないくつかの段階を経て、大衆消費社会という最後の段階に到達する。このような歴史の進歩主義的な概念においては、人間の歴史は全て必然的に、定められた秩序と意味における一連の段階を通過するのである。この一連の段階とは、伝統・移行・離陸・成熟・消費社会というものである。

この実証主義的な概念は、直線的・通時的で非歴史的である。その場合、第三世界の国々の低発展（sous-développement）は発展の遅れにすぎない。つまり、発展途上の国々は、今日発展している国々が産業革命以来経験したのと同じ諸段階を経験することになるのである。この遅れは、技術の進歩の伝播が他よりも急速な国家と、他よりも遅い国家が存在することによって説明される。この伝播する成長の図式に従えば、国際的分業への組み込みが全ての国々に対してこの技術の進歩の伝播を促すのである。

従属理論は、このロストウの自由主義的な発展の理論とは根本的に異なった観点に立っている。すなわち、この従属理論というアプローチは、ローザ・ルクセンブルグ（Rosa Luxemburg）が再検討したレーニン（Lénine）の帝国主義の理論に由来しているのである。このアプローチによれば、資本主義システムは世界の資本主義化していない諸地域に浸透する。そして、世界経済は産業資本主義の国々である中心（centre）と、低発展の国々である周辺（périphérie）を含むヒエラルキーの構造である。その場合、豊かな自然資源を抱えてはいるけれども貧困状態にある周辺の国々が、周辺の国々から輸入した生産物を消費する中心の豊かな国々によって搾取されるのは、資本主義の必然的な段階の一つである。すなわち、低発展の国々との貿易によって、この貿易が産み出す市場、安価な労働力や原料によって、利潤率は暫時低下していくという法則を履がえすことができるのである。

六〇年代から七〇年代にかけて、従属理論の学派は、低発展は発展の遅れと結びつくものではないということを明らかにした。すなわち従属理論では次のように考える。世界市場への統合がある程度進むと、問題となる国民国家の内部に存在する諸関係は二次的なものになり、この国家の内部の諸関係は、この国家とその国家をめぐる国際的な環境との関係を基盤にしてはじめて説明することができるということである。したがって、周辺の低発展は、中心の発展の産物である。従属という状況は次の二つの事実から生じる。まず、もともと周辺の国々には存在しなかった資本主義的生産様式がこれら周辺の国々へ導入され、周辺の国々は、自分達を支配する中央の資本主義世界の蓄積の法則に、前資本主義的な農村の社会関係を従わせるという事実である。次に、中心と周辺の支配階級が同盟関係を結ぶということである。この同盟関係によって、周辺国において、システムを再生産するような政治的枠組みが供給されるという事実である。

ここでは、国外の諸関係は国内の発展の論理に従うのではなく、逆に、国外の関係が国内の発展の方向とリズムを産み出し決定するのである。この従属の結果は国内構造の解体として現れる。この解体した構造によっては、発展の人的・精神病理学的・社会的代償をカバーすることはできない。

中心と周辺の経済学のモデルは、社会科学においてその適用範囲を拡大し、社会学において使用された。その場合このモデルは、モーリス・アルブヴァクス（Maurice Halbwachs）の、「中心的価値の発祥地からの距離」という比喩と似てくる。政治学においては、このモデルによって、シュミユエル・N・アイゼンシュタット（Shmuel N.Eisenstadt）やラインハード・ベンディックス（Reinhard Bendix）といった偉大なアメリカの政治学者達が、政治発展の分析モデルを構築することができた。

概念の導入についての自己批判

中心―周辺モデルが、社会科学と自然科学との関係を叙述するにあたって教育上の効果をもつとしても、この中心―周辺モデルという概念を導入する場合、その有効性の限界をしっかりと定める必要がある。それは、このモデルを導入する前に、この借り物のモデルについて考察し、このモデルを諸科学の学問的・社会的分割に適用するのが適当であるのか、もしくは不適当であるのかについて議論するということである。概念／モデルの認識上の地位は、三重の操作を指示する。それは概念／モデルのカテゴリーとその意味の定義づけという操作、社会的な場に関する操作ならびに諸学問の内容に関する操作である。ここで問題となっているモデルがもともと使われていた領域は、経済学（science économique）である。社会学・政治学・認識論における中心—周辺モデルの使用は、導入に止まるものではない。我々がこれから明らかにするであろう結果はどれも、その結果の明晰性のいくらかを中心—周辺モデルに負うことになるだろう。

ジャン＝クロード・パスロン（Jean-Claude Passeron）は、「他の場所で既存の知識を構成する言語を模倣した言語は何らかの理論的効果を持ち得る」と説明している。中心—周辺モデルを諸科学の学問的分割に適用するということは、精密科学／社会科学という議論の歴史的形態、および科学的な学問についての社会的な表象を把握するということである。この社会的な表象は生成の直中にある諸科学の内で働いているのだが、この表象によってモデルの適用可能性を考慮することができるのだ。ただし、諸学問間の関係を経済的な関係に還元することができないため、モデルの適用が不適当であるということからも、概念輸入の、「何らかの発見に役立つような」側面は機能する。

中心—周辺モデルを、それがもともと適用されていた領域の外で使用することによって、我々は、次のような仮説を立てることができた。すなわち、科学的な場、政治的な場、そして社会的な場の相互関係を叙述するために、対立と態度と行為の場所として考えられる市場のアナロジーを使うことには、ある価値を知識という生産物に割り当てる利点があるという仮説である。ある科学的な生産物や科学的な学問の社会的な「価値」は、一部、社会的成員間の相互行為を通して決定される。様々な科学的諸学問の差異化された象徴的な価値の客観化は、こうした社会的成員間の相互行為を通してはじめて可能になるのであって、存在論的に客観化がなされるわけではないからである。確かに、本来の使用領域からその外部へこうして概念を導入することによって、ある領域から別の領域へと直ちに代替がきくようなメカニズムが産み出されるわけではない。諸学問の象徴的価値は、これらの学問に内在する属性に結びついているのではなく、まさに、学問の内容、学問のヒエラルキーにおけるこの学問の位置付け、そして、この学問の科学性と有効性の想定される水準、こうしたものについての社会的な（諸）表象に結びついているのである。まさに、社会階級を社会的に構築された表象の一つと看做すアルブヴァクスが言うように、科学的な諸学問のヒエラルキーをめぐって社会的に構築された様々な表象が存在し、そしてその中でもさらに支配的な位置を占める一つの表象が存在する。

この中心―周辺モデルという概念を、その本来の適用領域を超えてその外部に導入することが大きな有効性をもつとしても、隠してはならないことがある。それは、この概念の導入の不十分さのために、また、このモデルの本来の領域外での使用によって、モデルを適用しようとする領域とは別のモデル本来の領域の現象、すなわち、国際的な経済関係が想定する思考方法が、モデルを適用しようとする領域に呼び込まれるということである。だから、諸学問間の漠然とした関係を厳密に経済的な関係に還元しようとすると、様々な科学的な学問の象徴的な価値を決定する、経済関係に働いているのとは異なった他の論理全てを誤認（méconnaître）することになるだろう。「『象徴的な市場（marché symbolique）』において、ある文化的財（bien culturel）に価値が与えられる際には、常に、社会的アクター間の、社会的属性、力の諸関係（rapports de forces）が前提とされている。この社会的属性や力の諸関係は、その文化的財のまさに象徴的な価値、その『正統性』が取り除かれなければ、アクター達の目や、アクター達の態度において、あるがままのものとして現れることはないのだ」。こうした文化的財のまさに象徴的な価値、「正統性」を内面化し「領有（appropriation）」することによってこそ、社会的なメカニズムは機能することができる。つまり、次のような場合にはじめて、ある理論・概念・学問が科学的な場において「価値」をもつことができるのである。それは、その理論・概念・学問がその内在的な属性によって自らを承認させ、その学問自身が社会的に構築されたものであるということを忘却させることに成功した場合である。

中心―周辺のパラダイムと社会科学の分割

様々な学問の「場」の定義が構築されるのは、科学的な言説の独占、学問の扱う正統な対象の定義の独占、その学問に固有の問題を提起し、その学問において利害や科学的な有効性を判断する際のその学問固有の基準を確立する権力、こうしたものについての賭金・利害・衝突をめぐってである。この意味で、精密科学／社会科学という関係は、社会科学における科学性の様式を理解するにあたって、交点（point nodal）をなしている。

まず、科学、より明確にいえば、科学的な学問という概念を定義することが問題となる。歴史的に言えば、科学的な学問をめぐる三つの定義があり得るものとして提案されている。すなわち、科学的な学問とはその対象によって定義され得るという意見、その方法によって定義され得るという意見、その学問の専門研究者達の実践によって定義され得るという意見である。

対象による科学性の担保

ある「知（savoir）」の客観化は、自然科学および社会科学における科学的学問に固有の、一つ、あるいは、複数の対象を定義することを通して成し遂げられるのだろうか。

自然科学においては、どのようにして対象と知の客観化の問題が提起されるのだろうか。科学的な場の境界と知的な厳密さという二重の意味で、ある科学的な学問の対象の問題を考えるということは、この学問の領域について問うということになる。ある科学的な学問によって排他的に囲い込まれている諸対象の領域を決定することは可能だろうか。

政治学者のピエール・ファーヴル（Pierre Favre）は、自然科学において、学問の対象・境界についての問題がどのようにして提起されるのかを分析し、次のことを明らかにした。つまり、政治学において、そしておそらくは社会科学のどのような学問においても、何十編もの論文が、その学問の対象について問うているのに対して、自然科学においてはこうした問題は議論されないし、議論の対象にもならないということである。さらに、いくつもの科学的な学問が同じ自然対象を研究し、これらの学問の内のどれ一つとしてこの研究対象の取扱いについて排他的な権利を要求しないということがあり得るのである。「だから学問の数やこれらの学問の境界は絶えず変化し、さらに小さな学問の単位（microdiscipline）に分割され、これらの小さな単位の学問が次々と他と区別される自立した外観を持つ科学的な学問になっていくのだ」。したがって、科学的な諸学問とは「融通のきく（à géométrie variable）」ものなのである。なぜならば、各瞬間に科学はその対象を構築するからである。そこで、ガストン・バシュラール（Gaston Bachelard）は次のように記すのである。「化学の境界について語ることは、詩の境界について語るのと同様、役に立つとは思われない」。同様に、物理学者のジャン＝マルク・レヴィ＝ルブロン（Jean-Marc Lévy-Leblond）は次のように断言する。「まさに他のあらゆる科学もそうであるように、物理学を（中略）、抽象的かつ決定的に、例えばその『方法』や、さらにあり得ないことだがその研究『対象』に準拠して完全に定義することはできない……。」

社会科学においてこの問題は別な形で提起されるのだろうか。

ファーヴルは政治学の対象を問い、次のことを明らかにする。つまり、自然科学同様、政治学において中心的なものであると想定される一つもしくは複数の対象は歴史的に変化してきたということである。すなわち、「諸価値と諸力の弁証法」から「政治的関係（rapport politique）」、「命令を下す制度の機能（fonctionnement des institutions de commandement）」まで、あるいは「政治的現象」、またさらには「階級闘争」、または「共通善」、あるいは「権力」など。ほんの幾つかの例を引いただけでもこのようなものが、政治学の対象としてこれまで考えられてきたのである。

にもかかわらず、驚くべきことに、政治学の歴史の中で政治学の対象が何であるのかという問いが、絶えず提起され続けられてきた。もちろん、あらゆる構築された科学、あらゆる社会科学同様、政治学が、一つあるいは幾つかの対象を持っているということは明らかである。しかし、政治学に排他的に取っておかれるような、一つあるいは幾つかの対象は存在し得ないのである。というのは、様々な社会科学の間には対象をめぐる学問的競争が存在し、どんな学問の境界も歴史的に絶えず変化するものであるからである。だから、政治学の対象に、社会学、人類学、さらには、経済学、歴史学、あるいは、地理学が取り組むということがあり得るのである……。別な言葉でいえば、政治学の対象の問題は理論的な問題ではなく、まさに経験的な問題なのである。政治学は幾つかの対象をもつが、これらの対象は政治学に固有のものとして帰属しているのではなく、政治学がこれらの対象を特に重視して扱っているのである。すなわち、これらの対象は、科学の対象として構築されてはじめて科学の対象になるのである。

ある学問の対象は、その学問が存在する以前にはもちろん存在していないのだ。すなわち、学問の対象はその学問自身によって構築されるのである。マルティン・ハイデッガー（Martin Heidegger）ははっきりと次のように述べている。「科学は、科学にとってあり得る対象として、その科学に固有の表象の様式が予め認めたもの以外を対象として把握することは決してないのだ。」したがって、ある学問は、その一つあるいは幾つかの対象によって定義されるのではなく、その学問がそれらの対象を定義するのである。

ファーヴルの区別に再びならえば、我々は、社会科学の対象には二種類あると主張することができるだろう。一方では、「既に所与のものとしてある」対象が存在する。この対象は、これと指し示すことができ、具体性があり、その無尽蔵の性質から、あらかじめ社会的に構築されているが、科学的に再構築されてはじめて科学の対象になる。他方では、「そこに所与のものとしてはない」抽象的に定義された対象が存在する。この対象の存在は、具体性をもたず、科学の仮の対象として立証されなければならない。選挙、内閣、家族、新聞の見出しといったものは第一の種類の対象に含まれ、ネイション、イデオロギー、合意、国家、世論といったものは第二の種類の対象に含まれるのである。どれほど単純なものであるとしても、この二元論は、それ自体として自然科学と社会科学との間の区別をなぞっている。だから、ある科学的な学問を所与の経験的対象によって定義しようという素朴なイデオロギーはもはや全く通用しないのである。諸学問の歴史的な展開は明らかに必然的なものではなく偶発的なものである。

いくつかの対象をめぐって諸学問が競合しあうということ、ならびに、各学問の対象が歴史的に次々と変わっていくということから明らかになるのは、ある学問の対象の問題は認識論的には意味がないということである。学問の対象はどれもその学問自体によって構築されるのである。

方法による科学性の担保

学問をその対象によって定義することが無駄であるということが明らかになったが、学問をその方法によって定義するということは可能だろうか。それが操作的なものであるにせよ、異なる科学的な学問に属する諸対象に現実を切り分けるということには認識論的な根拠は存在しないのだから、ある学問はその学問に固有の方法によって定義され得るのだろうか。

学問の諸規則がどのように構築されるのかを観察するということ、それは、ある科学的な学問から別の科学的な学問への概念の移動を明確に把握するということでもある。こうした学問間の概念の移動によって、ある科学的な学問をある特定の方法論によって定義しようとする試みはどれも妨げられるのである。

科学的な学問は、その学問を実際に行っている者達に広範に共有されるその学問のマトリスから生じる。すなわち、科学的な学問はその学問に固有のものであると想定される方法論上のパラダイムであるこのマトリスによって、その学問のア・プリオリな定義の適切さを問うのである。どんな学問の基礎にも、規則・精神的な構造・手段・概念、そして、規範についての、雑多でかつ十分に共有された総体が存在する。こうした思考の道具は学問生産の客観的／主観的諸条件と共鳴してはじめて生じることができる。全く同様に、認識のメカニズム、ある瞬間に作動している思考の諸様式、こうした誕生を司る経済的・社会的・文化的条件といったものを、その学問に実際に携わる者達が考慮することを前提として、様々な科学が誕生するのだ。

さて、イザベル・スタンジェール（Isabelle Stengers）や、ジュディス・シュランジェール（Judith Schlanger）によれば、「科学的な概念について問題を提起するということ、それは直に科学的な概念のもつ権力について問題を提起するということである。そして、科学的概念の権力について問題を提起するということは、この権力を、正常なものあるいは自明のものと看做すことができないということを意味している。」一般に広がっている、科学的な合理性についてのイメージは次のことを前提としている。つまり科学的なものは、科学的なものに固有の現実の把握方法をもっており、この方法が科学的なものの論理展開の科学性を保証するということである。

合理性についての非歴史的な操作上の定義が存在しないのと全く同様に、ある学問へのアプローチ方法が決定されるのは、そのアプローチ方法の根拠に対して集団がもつ信念の結果に他ならない。その上、知の分類が権力の賭金であるというばかりではないのである。さらに、諸方法・概念・テクニックが、それが本来使用されていた文脈と無関係に使用されるという意味での「ノマド化(nomadisation)」を、もちろん、その学問の発展に役立つようなベクトルであると理解し、同時に、その学問の科学性を正統化する過程における「アカデミックな窃盗狂(kleptomanie académique)」としても理解する必要があるのだ。

こうして諸概念のノマド化によって科学的な諸学問の歴史が形成される。そして、ノマド化によって、不可侵の本質的な学問の境界が存在するという考えが否定されるのである。こうした諸概念の普及は科学的な各学問の場から場へと生じる。こうした場は「現実を言うことができる(pouvoir-dire-le-réel)」諸空間によって構造化されている。異なった学問の場における、概念と方法の流通の有効性と妥当性を評価するということは、これらの場の自立性について問題を明確に提起するということである。ヤン・エルスター(Jon Elster)は、『科学的な諸学問の自立性の擁護(*Plaidoyer pour l'autonomie des sciences*)』という著書の中で次のように説明する。「科学的発展というこの障害物競争においては、アナロジーに訴えるという誘惑を乗り越えることが決定的な試練の一つである。問題となっている学問が、自立した概念的・理論的領域として構築されていない限り、障害物競争において最も抵抗の少ない道は、常に、自分に欠けているものを隣接する科学的な諸学問から借りることだろう。ある科学的な学問から別の学問への概念の移動の意味によって学問間の様々な序列が明らかになる一方で、この意味から我々は次のように結論づけることができる。つまり、その概念の移動の意味が科学的なやり方にとってどれほど建設的であるにせよ、その意味の重要性から、いかなる科学的なアプローチによっても、いかなる方法によっても、ある学問を科学的であると形容することはできないということである」。

ある科学的な学問から別の学問への概念や方法の移動が学問の手続きを科学的にすることにどれほど貢献しているとしても、その移動の意味と影響から、我々は諸学問の序列について明確に理解することができる。ただしこの移動によって、知の諸学問への切り分けは、学問の境界を決定するのに役立つ基準になるような各学問に固有の方法に根拠をもつわけではないということが示される。

したがって、ある学問が、その中心的な対象、固有の方法、さらには、その学問に支配的なパラダイムによって定義され得ないならば、学問は……、その学問がすることによって定義されるのである。

実践（pratique）による科学性の担保

対象や方法をめぐって学問上の競争があるという前提で、知を異なる科学的な学問へ切り分けるには、科学的な場の観点からの学問の定義が必要である。科学的な場は社会的な場であるとしても、場に固有の機能の論理をもっており、この論理によって我々はある科学的な学問を定義することができるだろう。科学的な場に適用することができるような、象徴生産の場の機能に関する一つの論理が存在する。ブルデューは、社会空間（espace social）を幾つかの市場に区切られる様々な位置（positions）の総体として定義している。これらの市場が「場」の範囲を限定し、これらの「場」の内側で希少財が流通し、その財の領有が賭金になるのである。ある「場」における社会的成員達を特徴づける諸関係は、経済的・社会的・文化的・象徴的資源、あるいは、資本の分配における個人もしくは集団の位置によって決定されるのである。つまり、「場」とは位置の構造化された空間であり、正統と異端とを分節化する。ある瞬間における「場」の構造は、「場」の正統な表現の独占をめぐる闘争に関わっている社会的成員達や諸制度間の力関係の状態に左右される。どのような場も、「一般的な歴史（une histoire générale）」に組み込まれてはいるが、その場に固有の歴史を産み出すのである。「ある場において、社会的成員達と諸制度は、それぞれに異なる程度の力をもち、このゲームの空間の一定の規則に従って、このゲームの内で賭けられている（en jeu dans le jeu）その場に固有の利益を領有するために闘争状態にある。場を支配する社会的成員や制度は、自分達の利益になるように場を機能させる手段をもつのだ。ただし場を支配する者や制度は支配される成員や制度の抵抗を当てにしなければならない」。

こうして政治・宗教・科学は「場」として機能する。ただし、これらの「場」はそれぞれが固有の賭金と利害をもつのである。例えば、科学的な場に固有の賭金は科学的な権威の独占をめぐる闘争である。その結果、「場」の賭金をめぐる競争に直接関わる者達――この者達は「場」の生産物の価値についての主たる判断者であるのだが――による「場」の生産物の価値を押し付けるための闘争は、競争する者達個別の利害に最も良くあてはまる科学の定義の押し付けをめぐる闘争になる。その場合、闘争の賭金の定義そのものが闘争の賭金の一つであるという事実が、ものごとを「場」の観点から分析することに対する政治学者達の抵抗を説明するカギの一つになるのである……。

科学的な正統性をめぐるこの闘争は、これまでに蓄積された資本の構造に左右される。この蓄積された資本自体が、科学的な承認という科学的な場に固有の資本の分配構造と結びついている。だから、科学的な知の生産者達の間の闘争の賭金は、科学の定義自体、科学の対象の場の境界設定、正統に科学的であると看做すことができるような科学的な問題・方法・理論の場の境界設定を押し付けることである。したがって、政治的な選択でないものは科学的な選択ではないのだ。そして、科学的な財（biens scientifiques）の市場には法則があるが、この法則は道徳とは何の関係もない。ブルデューによれば、こうした「科学」についての概念において、自然科学と比較される社会科学は、他では経験することのない科学的な承認をめぐる障害に突き当たるのである。ただし、学問の各々によってその障害の程度は異なる。

したがって、その学問の名の下に行われている実践によってのみ、ある科学的な学問を定義することができる。科学的な学問をその学問の専門家達の職業的な実践から定義することによって、もはや理論的でない問題、歴史的であると同時に社会学的な問題を提起することができる。学問の場のこのような定義は、明白にあるいは暗黙の内に、学問が一つの都市共同体（cité）あるいは科学共同体に準拠していることを前提としている。その周囲の影響から独立していようといまいと、この共同体がその学問の場の機能自体を可能にするような規範を産み出すのである。科学的な学問の内で働いている社会的な過程を解読することによってこそ、学問の対象・方法・パラダイム・科学的な学問の各々に固有の、常に予測することができず、その形を変えていく学問の領域を定義することが可能になるのだ。こうして対立と同意が接合し、科学的な学問の一つが形成されるのである。

科学的な場における様々な衝突の結果によって、ある瞬間における知識の状態についての一時的な合意が決定される。この合意は、政治学自体の内部構成と他の諸学問に対する政治学の位置について決定されている。その上政治学の場合には、科学的な学問が研究対象としては取り組まないつもりだと明確にしている「政治」に取り組むのである。我々は、こうした説明を十分すぎるほど理解しない限り、政治学者達がこうした「場」の観点からの説明を自分達自身に適用することを何故ためらうのかをよく理解することはできない。しかし、政治学者達がさらに不満を募らせるよう、政治学の位置を説明するために「場」の概念と中心―周辺モデルとを組み合わせることを我々は提案しよう。

科学的な場と中心―周辺モデル

我々は次のような仮説を立てよう。それは、「知」の学問としての構築が何よりもまず社会的であるとすれば、中心―周辺モデルがそのことを説明できるという仮説である。そして「中心」の科学をいわゆる「かたい（dures）」科学と呼ぼう。「かたい」科学とは、精密科学つまり自然の科学である。これらの科学は、認識論的にしっかりと確証されたある科学性の様式、非常に高度な科学的な場の賭金についての明確な合意、そして、こうした「かたい」科学の諸学問の必要性と有効性についての広範な承認によって特徴づけられている。また我々は「周辺」の科学を「柔らかい（molles）」科学と呼ぼう。「柔らかい」科学とは、いわば「人間の科学」であり、これは、認識論上の明確な特殊性、「かたい」科学ほどその価値を社会的に認められていないということ、「かたい」科学の場合に比べると科学的な場の機能がより多くの葛藤を抱えていることによって特徴づけられている。科学的な認識の展開について、様々な科学の中でも社会科学が最も高位を占めるというコントの理想とは反対に、中心の科学は（パーソンズの用語の意味で）「拡散する社会的要素（facteurs sociaux diffus）」によって周辺の科学をイデオロギー的に支配している。認識の理想は、公式化、かつ、数学化されたものであると未だ広範に、そして社会的に認められているのだから。

我々はブルデューと共に次のような仮説を拒絶しよう。それは、周辺の科学は中心の科学と比べると、科学性の遅れ、認識論的かつ方法論的な遅れによって特徴づけられるであろうという仮説である。この仮説は、諸科学の間のヒエラルキー化、したがって、ある科学的な学問と他の学問の間に支配関係があることを前提としている。この支配関係は、「かたい」科学と「柔らかい」科学との関係の中で明らかになるのだが、この関係が、様々な学問の場がいかに構築され、それぞれの場に固有の科学性の様式がどのように作り上げられるのかを理解する際の「拠点（point d'ancrage）」なのだ。実際、人文科学の進展の諸段階は、社会科学の論理の組み立て方や、因果関係、理解、その地位の客観性といった概念が、「かたい」科学と比べた場合に科学性を有するか否かという問いに対する解答によって特徴づけられているのだ。その場合、解釈／理解のパラダイムが、社会科学の科学性を追求する者達の悩みの種（point d'achoppement）になる。この悩みの種に注目することで、中心の科学と周辺の科学の間のヒエラルキー化を行うことが可能になるのである。

科学性をめぐる中心の科学／周辺の科学という議論が歴史的にどのように進んできたのかということは、だから、社会科学の合理性のモデルと無関係ではない。社会科学は、その構築物のはずれに「からっぽの」場所の痕跡を残しているのだ。すなわち、自然科学に対立して、社会科学の対象は提起され、社会科学の賭金が構造化され、社会科学の方法が形成される。今日、かつての科学性のモデルが野暮ったくなっているとすれば、自然科学は、自然科学と人文科学というクラシックな二元論自体を乗り越えることで、人文科学の諸問題を発生期状態に置くのである。

周辺科学として理解される社会科学が適用する方法の決定と、社会科学に対する社会の側からの承認は、社会科学誕生の瞬間における科学的な場の状態によって完全に左右される。科学性についての近代的な概念の理論的な基礎が確立された時代に、古典科学であるケプラー（Kepler）からニュートン（Newton）、ラプラス（Laplace）までの科学は洗礼を受けているのである。社会科学に適用される機械論（mécaniste）のパラダイムによって、その時、生まれつつある科学的な場の範囲を明確にするための指示対象（référent）として使用される物理学と社会科学とのシステマティックな関係が明らかになる。こうして社会科学を科学として確固たるものにし、諸科学を統一するという目論見が明確に現れる。つまり、ホッブズの国家に関する物理学から、現実は数学的に秩序付けられているという想定によって方向づけられた、コント流の社会科学である自然主義（naturalisme）までの目論見である。ホッブズの国家に関する物理学とは、社会生活についての真のユークリッド幾何学であり、デカルト的な合理主義の機械論的なやり方と一致する。この機械論的なやり方により、何らかの法則に従って表わすことのできるような、単一方法の普遍性の下に知を統一するのである。

このような知の統一の当然の結果として、正統性と方法の獲得が追求されるが、そこでなされる科学的な学問から学問への概念の移行は、古典的な物理学の絶頂期に行われる。同時期に並行して、有機体（organisme）という概念を通して、生命科学（science de la vie）から人間の科学への概念の移行が生じる。学問の場を認識する際のモデルとしての政治的・社会的有機体という概念が、様々な価値の独占、権力についての賭金・利害・衝突をめぐって構築される。様々な価値の独占とは、科学的な言説、学問の正統な対象の定義の独占であり、権力とはその学問に固有の問題を提起し、その学問に固有の利害と科学的有効性を確立する権力である。まさにこの意味においてこそ、精密科学／社会科学の関係が、社会科学の科学性の様式を理解する際の交点をなすのである。

だから、例えば、ハーバート・スペンサー（Herbert Spencer）による有機体論（organicisme）という科学的なシステムは、社会学を生物学に依存するものとして、生物学との連続性の内に出現させてしまうがゆえに、標準的な認識論上のモデルを構築するための単なる社会学の議論を大きくはみ出るものである。社会有機体という隠喩の社会科学における成功は、この隠喩が何らかの発見に役立つといった性格を超えて、科学的な賭金として理解されるのである。自然科学の内で作り出されているような科学についての表象が、概念の普及の過程におけるトランポリンとして、科学についての「リーダーシップ」を果たすのである。社会的に価値を認められた知から生じる科学的な正統性の追求に関する考察を超えて、認識論上の賭金が明らかになる。有機体論者あるいは機械論者の合理性は、異なる科学的な場において共通のやり方を使うことができるのであれば、認識可能なものについて共通する性質が存在するということを前提としている。

こうした立場とは反対に、ドイツの社会学と解釈学にまで到るその系統は、人間の科学に固有の特徴を理由として、人文科学の特殊性を主張する。

認識論的切断（rupture épistémologique）の必要性について

このドイツ流の社会学は、フランスの伝統的な社会学と論理の前提を共有している。すなわち社会についての諸科学が自然についての諸科学の方法を採用する必要があるとすれば、それは、「知識の会得（assimilation）」を認めるデュルケム主義者の伝統、および認識論的切断を勧めるウェーバー主義者の伝統が主張する、実証主義のモデルに社会科学が従う限りにおいてであるという前提である。方法論上の二元論と、その結果として自立した社会科学が創立されたことは共に、中心の科学／周辺の科学の議論の内に位置付けられる。というのは、その社会科学のモデルは、自然の科学との対比によって構築されているからである。すなわち、それが相違によるものにすぎないにせよ、カノン的なモデルを参照する必要性から、社会科学は必然的に精密科学との関係においてその位置付けを行うことになるのである。社会学の実証主義に逆らって、「理解（comprehensives）」という名称の下にまとめられた様々なアプローチは、次のことを前提としている。つまり、社会は、端から端まで、その相互主観的な意味によって方向づけられた社会的な実践によって構築されており、それゆえ、社会の現実を把握しようとすると、それがどのような方法であれ、解釈的・現象学的な性格（説明を含むような、現象の叙述）、および解釈学的な性格（事実の解釈）をもたざるを得ない。こうした性格は、自然の科学の、普遍化し合理化するノモロジックな（nomologique）手続きとは断絶している。

とはいえ、社会科学におけるカノン的なモデルの再活性化は、科学的なモデルに従ったデータの客観化を通して生じるのである。まさに実証主義のカノン的なモデルの再検討をめぐって精密科学の科学性が構築されはじめている時に、社会科学においては実証主義的なモデルを使用しようという試みが増加している。

「かたい」科学を基準にして社会科学の科学性を基礎付けようとする社会科学の様々な試みをまとめるような力の系譜学の中で、機能主義理論（théories fonctionnalistes）は、その理論の多様性を超えて、次のような考えから生じている。それは、社会科学は、社会についての科学的なモデルを作り出すことができるという考えである。さて、機能主義の諸概念は、社会科学の科学性についての歴史のある時期、政治学を含む社会科学にとって避けて通ることができない要所、「約束された土地」となっていた。人類学者、ブロニスロウ・マリノウスキー（Bronislaw Malinowski）の機能主義的な分析は、二〇年代には、アングローサクソンの人類学、アメリカの文化主義（culturaliste）の流れ、そして、アメリカの社会学に影響を与えたのである。

こうしたアプローチはどれも共通して、社会の現実を把握する科学的なモデルとして、普遍性・予見性をもち、ノモロジックであると主張する。当時、一貫した全体性を持とうとしていた社会学は、こうしたアプローチに影響を受けた。六〇年代には、精密科学の諸カテゴリーを人文科学に適用しようと努めることで、構造主義は社会科学の科学性を基礎付けようと試みる。そして、社会科学の「かたい」合理性を科学的に基礎付けるための様々な努力を通して、構造主義はデータの客観化についての最も完成されたモデルを構築する。おそらくはそのために、構造主義は政治学者達の側からの辛らつな批判の対象になるのである。なぜなら政治学者達は社会秩序を明らかにするような鍵を見つけていないので、認識論的な無秩序を嫌うのである。

秩序と無秩序

中心の科学、並びに、周辺の科学における実証主義のモデルと断絶することによって、社会学は新たに生まれようとした。すなわち現実の認識を、その現実認識を産み出した思考の過程の認識から切り離すことができないものとして理解するということである。科学の完全無欠性・中立性の主張は姿を消し、社会の理解可能性は、もはや、秩序や均衡の理解可能性ではなくなるのである。社会における時間は、単線的かつ一義的ではもはやないのだ。すなわち、社会の全体性は理解できないものとして考えられ、科学性を独占しようという主張は、それ自体、反科学的である。

中心―周辺モデルが機能するのは、このモデルが科学共同体のハビトゥス（habitus）に組み込まれることによってである。このことによって、なぜ政治学者達が中心―周辺モデルを拒絶するのかが説明される。実際、中心の科学、並びに、周辺の科学で実際に機能している諸表象や日常的な実践の中にこのモデルを組み込むことによって、諸科学の社会的・学問的分割にも同様にこのモデルを適用することができる。科学的な実践が同時に社会的な実践であり、科学的なものの認識論的な実践が、それが意識的なものであろうとなかろうと、学問間の力関係を客観化しているとすれば、意識的かつ無意識的に、この力関係を内面化し領有することによって、社会的なメカニズムが機能することができるのである。すなわち幻想の社会的な効果は幻想ではないのである。

経験的な調査によって次のような結論を下すことができる。「かたい」科学の研究者達が学問のヒエラルキーにおいて自分達の学問が中心的な位置を占めていると認めるとすれば、この「かたい」学問の中心的な位置は存在論的なものであると、つまり、ここで問題となっている「かたい」科学に内在する性質に固有のものであると想定されており、そのために、この中心的な地位は、例外的な場合を除けば社会的なものと看做されることはないのである。実験室の中で行われている科学的実践をめぐるインタビューや質問の総体から、我々が結論づけられること、それは中心の科学の研究者達には、自明の哲学、広範に認められている哲学が存在するということである。その哲学に従えば、科学的な対象は「現実」を描き出し、「現実」がそれ自体として、実験を通じて様々な科学的なアプローチに有効性を与えるのである。すなわち、科学の進歩は、確実な理論的言表（énoncés）を蓄積することにあるのだ。つまり、精密科学においては科学的なアプローチから主観性が排除されている。この主観性の排除ということが、社会科学に対する精密科学の優位性に必要不可欠な要素の一つであるだろう。

さて、社会科学における研究者達は、精密科学に対して「遅れて」いて、さらには自分達の学問の内在的な性格が原因で存在論的にすら周辺的と看做される地位を部分的に内面化している。「遅れ」というイデオロギーは、依然として、周辺の科学においては広範に影響を及ぼしているのである。したがって、中心―周辺モデルが機能するのは、周辺の科学における、支配的な社会的言説の再領有化（réappropriation）によってである。

ただし、この中心―周辺パラダイムによってまた、このパラダイムが結果としてもたらす効果により、社会科学の科学性を私達は明確に理解することができる。

自然の科学から社会科学への概念導入による科学的な学問を定義する作業、したがって分類化（taxinomie）する作業は、実際の効果を産み出す。中心と周辺についての経済学の理論は、周辺の国々に対する中心の国々による支配によって産み出される効果を三つ明らかにしている。第一に、周辺国経済の外向性（extraversion）、第二に、周辺国経済の中心国経済への依存関係、第三に、中心と周辺の間の不平等な交換、である。我々は、この経済学の理論をアナロジーで社会科学に適用しよう。

依存の効果

中心の科学と周辺の科学との間の依存関係という考えによって、我々は様々な科学的な諸学問間の諸関係を、制度的な関係としてではなく、次のような形で把握される漠然とした関係として考察することになった。この漠然とした関係は、一方では社会科学の科学性がどのように構築されたのかを批判的に再構成することを通して、他方では研究者達が経験的に行う科学的な実践を通して理解されるような、様々な学問の場についての社会的な表象を通して把握される。その場合依存関係という概念が、その意味を十全にとるのは、様々な学問を比較する認識論的状況の分析においてである。

周辺の科学の外向性と学問間の不平等交換という、依存関係から派生的に生じる二つの効果について、多くの優れた解釈が産み出された。マテイ・ドーガン（Mattéi Dogan）とロベール・ファール（Robert Phare）は、『社会科学における革新（*L'Innovations dans les sciences sociales*）』という著書の中で周辺の科学の外向性と学問間の不公平等交換という効果から生じる「社会科学の内の諸学問間の交換のバランス（balance）である」「創造性をもった周縁性（marginalité créatrice）」を分析している。彼等は次のことを明らかにしている。つまり、様々な科学的な学問の内側、そして、境界面で加速された断絶と調整の過程が、既に構築されている学問の間の分裂と雑種形成を産み出しているということである。「だから、ある学問の科学的な資産とは、ある科学から他の科学への概念の普及、様々な方法の借用、様々な学問的発見についての諸学問間の境界を超えた反響、それらが本来適用されている領域の外部での諸理論の影響によっても構築されるのである。学問間の交換のバランスは、学問の外向性を測ることを可能にする一つの指標である。」

彼等は特に次のことを確認している。つまり、経済学が経済学自身の科学的な場の外部からほとんど何も得ていないとしても、経済学は概念をその外部に輸出する典型的な学問である。様々な社会科学の内で、政治学よりもはるかにずっと、経済学はその大量の超公式化（hyperformaliser）された概念庫から、概念が外部へ社会的に効果のある形で輸出される学問である。事実、我々の仮定の枠組みによれば、ある学問が、知的な場において中心を占めていればいるほどその学問は「カノン的な」なモデルに近付き、その学問は自分の概念を外部に輸出するように仕向けられるのである。したがって、まさに、外向性と不平等交換が存在するのだ。このことは、中心の学問と周辺の学問との間の相互的な交換を何ら否定するものではない。

視野を様々な学問全体に広げれば、中心―周辺モデルによって、単にある科学的な学問から他の学問への概念・方法・理論の交換だけではなく、より広範に、諸科学の科学性の定義の、規範的であると同時に科学性とは何であるのかを理解するのに役立つような過程を我々は理解できるように思える。だから、「生命倫理（bioéthique）」のテーマについて多くの集会に参加してみると、政治学者達は、民族精神科医達（ethonopsychiatre）や、さらには生物学者達（biologiste）の研究を読むが、医者達は自分達の同僚の研究しか読まないということが確認できたのである。このことは、幾人かの大臣が気安く歴史家に変貌するのと同じように、倫理についての委員会のメンバーの幾人かが「倫理、政治、生物学（ethique, politique, biologie）」について公的な書物を気安く著すことを妨げない。

概念／方法／言説の流通は、こうした概念等に意味を与える正統性の回路を通してはじめて理解することができる。時代の先端を行くような学問に与えられた権威、いわば科学的な権威に遡及効果を及ぼす社会的な権威は、ある概念の、その概念がもともと使われていた場とは別の科学的な場での使用に、その概念の「外挿（extrapolation）」を正統化するような科学性のラベルを与えるのだ。その場合、ある科学的な学問にとって正統に受け入れることができるものとは何であるのかを決定するような言説をめぐっては社会的に議論が行われるのである。ジャーナリスト達や世論調査を行う私企業などと競争関係にある政治学者達が、選挙のあった晩にほとんどメディアに登場しないことがこのことを逆説的に例証している。

社会科学の内で、科学的な場、ならびに社会的な場における周辺科学である政治学はありふれた社会科学の一つなのだろうか。

第二章　政治学、科学的な場における周辺科学

政治学、遅れて来た科学的な学問

社会科学の誕生が産業的近代の形成と期を一にするとしても、一八七二年の「エミール・ブトミー政治学私立学校（l'Ecole libre des sciences politiques d'Emile Boutmy）」設立という、独自の限定的な経験を除けば、学問としての政治学は科学的な場の内で他の社会科学よりも遅れて、実際第二次世界大戦後に登場する。人文科学の枠内での政治的知識の追求は歴史的にはもちろん、社会科学の枠内における政治的知識の追求より早い時期に始まっている。科学的な学問としての政治学の構築は、歴史的に位置づけられるような文化的・政治的・経済的条件と共鳴して行われる。政治学は、固有の（いくつかの）対象・方法論・（政治学者達の）科学「共同体」によって、他と区別される一つの研究分野を形づくるのに十分なくらい特殊であると想定される世界についての独特の眼差しから生じ

るのである。政治学は、長い間、その時々の中心的な対象によって定義されてきた。すなわち、政治哲学の規範的な概念においては「共通善」であり、ついで、政治というものの認識の法的な受容においては「国家」であり、それから、政治学という学問に関連する著作の最小の共通分母と考えられる「権力」である。政治学を、中心的な対象に基づいて構築することはできないのであるから、政治学は、少しばかり歴史主義的な形で、政治学が実際に行っていることによって定義されるということをしっかりと認める必要がある。例えば、アルフレッド・グロッセール（Alfred Grosser）にとっては、「他の政治学者達から政治学者であると認められる者が、政治学者なのだ。」

政治学の定義は「便宜的（conventionnaliste）」であるが、科学性についての一定の概念と無関係であるわけではない。諸学問の規定についてア・プリオリな定義が存在しないとすれば、政治学は、ブルデューの言う意味で「場」の観点から定義される。その時点以前の闘争において獲得された様々な位置の間の客観的な関係のシステムとしての科学的な場とは、「場所（lieu）」、いわばその場に特殊な賭金をめぐって競争が行われる闘いの空間、ゲーム空間である。この特殊な賭金とは、技術であると同時に社会的な権力であると定義される科学的な権威の独占である。

この闘いは、特定の位置にある成員に社会的に承認されている科学的な能力の独占をもたらす。この「科学をめぐる能力」とは、正統に、いわば権威的に、権威をもって科学について語り働きかける能力という意味で使っている。「場」とは、固有の機能法則を持つ、歴史的に構築された変動するゲーム空間だとしても、他の構築された「場」と無関係であるわけではない。つまり、政治学の場は、それ自体また科学的な場の中に位置づけられており、科学的な場は、社会的な期待のゲームによって政治的な場と社会的な場に同時に結びついている。

にもかかわらず、象徴生産の場は次の二つの事由から次々と自立化していく。その事由とは、その学問を名づけ、その学問が扱うことができる科学的な諸対象の場を限定する、社会的に承認された能力を各「場」がもっていること。および前の事由と関連するが、構築された「場」の総体において科学的な賭金と利害の衝突があることである。したがって、新たに政治学者になる者達はまず自分達の学問の「名づけ（nommination）」と自立性をめぐって争わなければならなかったのである。

「政治学（science politique）」と言う名称を分析して、ジャン＝ルイ・ルーベ・デル・バイ（Jean-Louis Loubet del Baye）は、「（単数形の）政治学（science politique）」か「（単数形の）政治というものの科学（science du politique）」か、「（複数形の）政治学（sciences politiques）」か「政治社会学（sociologie politique）」か「政治哲学（philosophie politique）」かといった、用語法をめぐる様々な議論が、どの点において、政治学に自立性が認められる際の諸問題を反映しているのかを説明している。「政治社会学」という名称は、政治学に固有の学問的アイデンティティを社会学の内に解消してしまう傾向がある。例えば、「（複数形の）政治学」という表現は、隣接する諸学問の越境を正統化することによって、政治学の単一のアイデンティティの発展を困難にする。また、「政治哲学」という表現は、社会科学の内で使用される道具や技術の範囲を限定する。その結果、ここでは「科学を為す意志」として確証されるような「知への意志」、ただそれだけでルーベ・デル・バイは「(単数形の) 政治学」という名称を正当化している。

その学問の原父あるいは先駆者といった概念には、その概念が有効であるとしても、時代錯誤的で、回帰的な歴史的分析の認識論的な危険がある。まるで、ある出来事はそれ以前の幾つかの出来事によって、事後的に説明されるかのように、ある学問の暫定的な最終成果は、現在のその学問の諸成果のプリズムを通して分析されるからである。この点に関して言えば、政治学はプラトン (Platon) からモーリス・デュヴェルジェ (Maurice Duverger) にまで到るような、直線的で堆積性の蓄積の結果ではない。実際、人文科学から社会科学へ、とりわけ政治学への移行は、認識論的切断、政治学という学問の構築に関する、構築以前に比べてより重要な政治学に関する諸作品を前提とするということは明らかである。

デュルケムの研究を分析して、もちろんデュルケムは政治社会学に対して明白な地位を割り当てていないのだが、政治学者ベルナール・ラクロワ (Bernard Lacroix) は、デュルケムが絶えず政治というものを問い続けていたということを明らかにしている。すなわち、知的な道程、計画の当初の形態、取り組む場、そして、自分の研究を構成するような素材を通じて、デュルケムは政治というものに、とりわけ権力という理論的概念を通して、社会を分析する際の媒介的な地位を割り当てるのである。つまり、デュルケムのもともとの嗜好は政治学者の嗜好であるだろう。デュルケムの遺産は、ウェーバーの遺産同様、政治学の遺産でもある。

一九世紀に、特殊な社会的条件によって、近代的な政治学の出現が可能になるだろう。社会学誕生の時期を代表すると認められているガブリエル・タルド（Gabriel Tarde）の試みを分析し、社会学の法則を適用することで、歴史に一つの意味を想定し未来を先取りする社会学の不十分さと諸特徴をファーブルは指摘し、「政治学の社会学的洗礼」の計画の限界を明らかにする。政治学という一つの新しい学問を構築することに失敗したのは、政治的対象が構築されていないためであると説明される。ある科学が承認されることで、その科学の幾つかの基準が産み出され、それらの基準からその科学は科学として事後的に受け入れられることになる。

政治的な諸事実の科学的な研究が一定の正当性を獲得し始めるという意味で、一九世紀から政治学は学問として成立するように見える。実際の政治の研究を、学者達の正統な仕事と看做す文化的マトリスを始めとして、ファーブルは当時、政治学を誕生させることになった、互いに交錯する幾つかの歴史的条件を並べあげている。それは、自然に関する対象の自立化、結果としての近代的行政機関の誕生、国家による介入の増大、権力の宗教からの分離、ライシテ化（laïcisation）／非宗教化、そして政治的民主化である。

したがって、政治学誕生の節目となる二つの歴史的系列を区別する必要がある。すなわち、ブトミーによって政治学私立学校が創設された象徴的な日から六〇年代までと、この時期以降である。一八七二年から一九六〇年までの、第一の歴史的系列は、政治学者を名乗る科学的な集団および、この集団が扱う対象によって特徴付けられる。この科学的な集団は固有の職業的アイデンティティをもたず、彼等の対象は科学共同体においてはほとんど承認されていなかった。ファーブルが『フランスにおける政治学の誕生（*Naissances de la science politique en France*）』の中で明らかにしたように、この政治学私立学校での政治学の初めての制度化は次のような特徴をもつ。その特徴とは、この学校で教えられる諸学問の集合、急速に職業的なものとなった学校の志向性、学校の教師達と行政職試験の試験科目を決定し、試験官の責務を負っている委員会との密接な結びつき、実証主義の理論的系譜、そして「様々な方向性に対応できる人間達（hommes-carrefours）」の教育である。この「様々な方向性に対応できる人間達」は自分達の位置の多様性を使って、新しい学派を基礎付けるような、ある新しいパラダイムを生じさせるのではなく、むしろ自由主義の知的政治的な場において、様々な領域出身の人々の間の多元的な議論を維持しようとした。その場合、「（複数形の）政治学」とは分裂した科学であり、思想的な議論の内で形をとる政治学というよりは国家の科学である。

この政治学の最初の制度化の後並行して構築されつつあった大学の場の内で、何人ものアクター達が政治というものの認識に取り組むことになる。フランスの社会学は、長い間政治というものを社会学的認識の正統な対象であることを正しく認識していなかった。そして三〇年代以前には、政治の研究に広範に取り組むのは法学部である。すなわち、ジョルジュ・ビュルドー（George Burdeau）、モーリス・オリウ（Maurice Hauriou）、レオン・デュギュイ（Léon Duguit）といった憲法の教授達が政治学を教えるのである。

政治学私立学校と法学部における政治学教育という二つの重要な流れが、これらのもともとの構想に反して、政治学者達の自立した集団の登場を促したのである。一九六〇年に政治学の状況を概観したグロッセールによれば、政治学者達は（哲学、法律学、地理学、文学といった）様々な学問出身であるということ、そして政治学者達は未だに政治学に関しては、大部分が独学で学んでいるということである。四九年に、「国立政治学財団（Fondation nationale des sciences politiques/FNSP）」と「政治学院（Institut d'études politiques/IEP）」が創設される。同じ年に、フランス政治学会が設立される。そして、五五年には法学部における政治学教育が公式に認められる。五六年には、政治学は、一方では、文学部・法学部で教えられ、他方では、国立政治学財団の枠組みの内で教えられる。この五六年に、法学部の中に「政治学博士号（doctorat es sciences politiques）」が設けられ、そして国立政治学財団の枠内、ならびにいくつかの政治学院で「政治研究（Etudes politiques）」の第三課程（大学院課程）が創られる。文学部においては、政治学教育の正統性は未だにほとんど認められていない。さらにこの年、「政治研究」と注記された第三課程が社会学の中に創られておる。政治学という学問のこうした芽生えの全てによって、六〇―七〇年代になってはじめて学問として制度的に認められる政治学の誕生が説明される。

この第二の歴史的系列は、一つの完全な学問としての政治学の登場、および、そのアイデンティティ、専門性、そして承認を追求する集団によって特徴付けられる。修士号（maîtrise）そして博士号（doctorat）という政治学の専門教育が現れるのと平行して、一九七二年に政治学の大学教授資格試験（agrégation）が創設され、政治学は自立した学問として明確に承認される。この資格試験の責任者は、デュベルジェ、ついでジャン・ルカ（Jean Leca）という、いわば政治学者という職業に関する二人の正統な教皇である。初期の政治学大学教授資格試験は、政治学以外の学問を学んできた者や、ある種の「アウトサイダー」達にも大きく「開かれて」いた。しかし、割り当てられたポスト数はわずかなものだった。すなわち、最初の四回の教授資格試験で三つから五つのポストしかなかったのである。しかも、この試験は毎年行われるわけではなかったのだ！　いずれにせよ、幸運にもこの初期の試験で選抜された初めての政治学者達の集団は、有効な圧力団体として自らを構築することに成功しなかった。今日では、政治学者に対する研究職のポストの閉鎖性は明らかである。ただし、ポストの欠乏を勘定することによって、「政治的に正しいもの」への、政治学者達の面白くも何ともない賛同が正当化されることはない。八二年には、「国立大学センター（Conseil national des universités/CNU）」内の政治学のセクションに続いて、「国立科学研究センター（Centre national de la recherche scientifique/CNRS）」に、政治学の独立したセクションが一つ創設される。そこでもまた、現在、政治学の研究職のポストの減少は明らかである。すなわち、政治学は、他の周辺的な学問同様、少数派へと追い込まれるのだ。こうした状況は、国立科学研究センターの研究員達と、大学の学部のボスの座を占める教授達との論争によってこじれる。「政治的に正しい」新しく政治学者になった者達は、こうした状況に一枚も二枚も噛んでいるのだ。

最後に、教育においてある学問が占める地位が、その学問の社会的カノン化の一つの指標であるとすれば、「政治というものの科学」の教師や研究者達の立ち上げた新しい学会による近年の努力にもかかわらず、政治学は未だ法学部の中で完全にその地位を獲得してはいない。その一方で、政治学は、一九九六年には選択専門科目の形で高校に導入されているのだけれども。しかし、ロビイング（lobbying）には限界があるのだ。というのは、職業としての政治学者は五〇〇人に満たず、ローマ法を除く政治学以外の、ほぼどんな学問の研究者や教師よりも遥かに数が少ないのである。知の民主化によって、政治学の著作の市場が爆発的に増えたようには見えない。

政治的知は、こうして、未だにかなり広く分裂しており、政治学の法的な起原はしっかりとその痕跡を残しているとしても、政治的知の調査領域は少しずつ拡大し、研究対象は多様化している。

胎動する科学的な場

他の社会科学と同じように、政治学を一つの周辺科学と看做すことができるとすると、政治学に固有の諸特徴が、政治学をさらに周辺における周辺科学にする。

政治学が制度的に誕生するのが他の学問に比べて遅れたということ、政治学の学問的自立の困難性、同じ対象をめぐる他の科学的言説との競争、そして、政治学の科学性についての社会的な表象は、どれも政治学の障害になるのだ。これらの障害が、ジャン＝ルイ・ヴュイエルム（Jean-Louis Vuillerme）の言葉によれば、政治学を「あらゆる混合物の混合物」にする。さて、「近代の大きな夢は、例外なく、あらゆる科学を数学の形で表現できるようにし、哲学には科学的近代性についての思索を用意しておくことだった。この科学的近代性は、それ自体、『普遍数学（Mathemasis Universalis）』の名の下に統一されるのである。」この夢の失敗によって、完全に哲学に隷属するのではなく、完全に数学化されるのでもない様々な社会科学が混在する状況が開かれる。

だから、政治学は二つの極の間をうろうろしているのだ。すなわち一つは、政治哲学からの政治学の自立化、その結果としての伝統との断絶、そしてもう一つは、政治学のさらなる科学性の追求である。社会科学として考えられる政治学は、あり得る最上の政治秩序についての質問を介して、政治というものを把握しようとする政治の研究様式から自分を完全に切り離す。社会科学が自然科学のモデルに基づいていることを自ら明らかにする時、伝統的な政治学は、その地味さと、自分の存在を明確に示す能力の欠如のために姿を消すのである。ルカによれば、伝統的な政治学とは次の三つの意味で伝統的である。まず、よく知られた質問の総体をもつこと、次に時間との対話関係があること、最後に一時的もしくは決定的な消滅の様式に基づいて考えられていた伝統的な理論が確立され、忘却され、あるいは裏切られるという考えがあることである。

社会哲学としては、政治学は、規範的であると非難されて姿を消した。偉大な思想家達の思索に基礎を置く学問としては、政治学は、哲学史や、法学の教師達がその権利を独占する政治思想史に取り込まれる。公民的要請としては、その公法という起原をもつがゆえに、政治学は法学に統合される。社会科学としての政治学は、政治経済学、人口統計学、政治社会学、人類学の内に散り散りになる……。

だから、伝統的な政治学は、完全な一つの学問として政治学が誕生する前に、「（複数形の）政治学」を認めている。現在、中心の諸科学が――「今まさに行われているような」科学の諸実践においてではなく――科学についての考察の中でその科学性のカノン的なモデルを疑い始めているまさにその時に、社会科学は、この科学性のカノン的なモデルを参照して自らを構築するのである。政治学は、政治というものの解釈学であり続けながら、同時に、あらゆる社会科学同様、一つの基礎学問としての言語、理論的道具を持つことを望んでいた。ジョルジュ・ラヴォー（George Lavau）は次のように説明する。「……なぜならば、我々は自分達の『科学的操作』に執着しているからである。すなわち、観察し、計測し、分類し、モデル化する等々である。我々は、単純に一連のこうした操作ではなく、こうした操作の全てに、最もうまく模範的な形で適合する諸対象を優先的に扱うよう仕向けられているのである。」このことは、学問の科学的・社会的正統性に効果を及ぼさないわけにはいかない。

その場合、社会科学への数学の貢献、支配的な思考のシステムとしてのマルクス主義への疑いと撤回ないしマルクス主義の終焉、機能主義、そして、構造主義、量的な意味論の貢献といったもの、こうしたもの全てが、承認を求める政治学という学問の構築を支えるのである。

政治人類学の貢献と、他者——被植民者あるいは疎外された者——を介した回り道によって、幾つかの社会の間の比較性という方法論的な要請は、近代社会に、自分自身に対する視線を押し付ける。この視線はさらに植民地帝国の終焉によって強化される。こうして、政治というものの知識が必要になるのである。この知識は既に発展している国々に焦点を合わせるのではなく、新たな「科学的空間」に開かれているのだ。しかしそこでも再び、覇権的な地位にある政治学者達の中のドクサの持ち主達は、こうした地域研究のものの見方は偏っていると告発する。すなわち、こうした政治学者達は中心にいるのだ。というのは、彼等が中心出身だからである。モスカはこのことをよく理解していた。

政治学以外の諸学問が、政治的対象を自分達が正統に扱うことを要求しており、諸学問と政治学が扱うべき対象を争う、政治学の特殊な状況、他の学問と比べた時の政治学の学問としての成立の遅れが、政治学を周辺における周辺科学の一つにする。こうしたことによって、政治学の科学共同体の内と外に「ロストウ的な」ヴィジョンが産み出される。このヴィジョンに従えば、政治学は、その遅れが認識論的なものであるか方法論的なものであるかを問わず、他の学問と比較した場合の科学性についての遅れによって特徴付けられる。そして、この科学性についての遅れが、政治学の教育法を介して内面化され、政治学の周辺的な地位をさらに強めるのだ。

政治学は結局のところ、特殊なタイプの教育によって定義され得るのだろうか。ソクラテスからラカンまで、次のような問題が、こうして提起される。自分がその秩序について語る都市の直中にいる政治学の職業的教育者が、危険を冒すことなく、市民や実際の政治を職業にしている者達を教育することができるのだろうか、という問題である。

教育法の権力、あるいは、権力の教育法

ある学問の教育法について考えるということ、それは学者の知を教えられるべき知から、そして、

実際に教えられる知から必然的に分かつ距離について考えるということである。その場合、教育法とは、教えるべき知の選択、修正、制度化、そして伝達の様式、および学ぶ者による知（connaissances）とノウハウの体験と伝達、そして獲得のメカニズムの研究として考えられる。教育法は、理論的なものですら、依然として、教育の諸実践の内に根付いているということである。政治学を固有の教育法によって定義することができるだろうか。

学校の、あるいは大学の学問とは、この学問が学者の内容を再構築し、その内容を学習者に適応させるという意味で、独自の学問である。このことは、政治学のような社会的・科学的承認が限定されたものである学問についてはいっそう真実である。その場合、教育法上の転換は、学者の知から実際に教えられる知へと媒介することを目的とする。だから、この転換は、もろもろの知についての考察と、学習者そして教育者についての考察の交錯するところに位置付けられる。

ある学問の科学的・社会的正統性を理解する場合に、その学問の教育法についての考察は重要な意味をもつ。すなわち、教育におけるある学問の位置は、その学問がどれほど承認されているのかを示す一つの指標なのである。というのは、知の広められ方はこの知が遡及効果によって産み出すことに貢献する一定の社会的正統性を示しているからである。一般的に周辺的な科学、とりわけ政治学においては、中心の科学においてよりも社会的な表象がより大きな影響力をもつことが特徴である。

だから、こうした周辺的な諸科学は絶えず、諸個人がこれらの学問を学ぶ以前にこれらの学問が扱う対象についてもっている知識に直面するのである。失業、移民、株式市場、選挙について一般の人々が意見をもっている統計上の確率は、ベクトル空間、アメーバ、過マンガン酸ナトリウム、あるいは運動エネルギーについて彼等が意見をもっている確率よりもはるかに高いのである。

経済、実際の政治、あるいは社会について発言する権利を自分は正当にもっていると思い、そして、社会的にそのような人であると認められている人々のリストは長いものになるだろう。社会的アクター達が直観的あるいは実践的に、経済、実際の政治、あるいは、社会について知っているという主張は、どんな教育者も直面しなければならない、学者の言説に対するフィルター、抵抗の一つの要素である。社会的アクター達が、個人が都市の生活に参加することによってもたらされる直接的な認識によって、社会の現実を説明するには十分であると漠然と考えている限りにおいて、市民は、自分自身で作り上げた知によって科学的な言説と争うのである。

もちろん、中心の諸学問もまた生徒達の社会的な表象に直面する。すなわち、例えばエネルギーや生態系について生徒達がもつ表象と、彼等の自然科学の学習プロセスは切り離すことができない。このことについて自然科学の教育法に関する非常にすぐれた研究は、自然科学もまた生徒達の社会的な表象に直面するということを証明している。それでも依然として、社会科学が他のどんな学問よりも頻繁に、日常生活に関する様々な主題をめぐる世の中の意見といったものに直面することに変わりはない。こうした主題のジャーナリスティックで政治的な扱いは、経済的な危機の時期には普段よりも頻繁に見られる。

知識を科学的な知識に限定するということは、単に知の一部であるにすぎない理論的思考・様々な考え・世界観に価値を与えるだけではなく、また同時に、科学的な知の不完全性を軽視することになる。たとえ、日常的に人がもっている知と科学的な知、この二種類の知が同じ性質のものであるということが確かではないとしても。ブルデューの言葉に従えば、科学的な知の倫理上の何らかの優越性の名の下に、一般の人々が科学的な知の対象についてもっている科学的な知以前の知を否定するということは、「科学的知中心主義（épistémiocentrisme）」を示すということであるだろう。「さて、現実についての様々な理論的表明が、それらが科学的、あるいは哲学的、あるいはさらに神話的であろうとも、社会の構成員達の目にとって『現実』であるものを表わし尽くすことはないのだ。」したがって、社会科学において、ましてや政治学においては、社会的な表象の教育方法上の地位は独特なものになる。

社会的な表象が、個人的な意識の外側に存在するという点で、そしてこの社会的な表象が世界を理解可能にする様々な認識から組織されるコーパスを構築するという意味で、社会的な表象は個人的な表象から溢れ出る。現実にラベルを貼るのだから、社会的な表象は、集団的な精神的構築物を個人的なデータに統合してはじめて理解され得るのである。すなわち、諸個人がこうして作り上げられた社会的な表象を個人的に再領有化する限りにおいて、社会的な表象はその登場後、諸個人に対する精神的な遡及効果を前提とするのである。

社会的な表象の力学へ向けて

社会的な表象が社会的な構築物であるとして、この社会的な表象は根本的に言語的である。もちろん、社会的な表象の効果は、暗黙のうちに行為によって表現されることもある。とはいえ、社会的な表象の形成は、言語を通じて、そして言語の内で行われるばかりではなく、この社会的な表象へのアクセスは、言語によって、いわば、世界を思考し構造化する一定のやり方によって仲介されるのである。というのは、社会的な表象は、言説の形式、構文、そして意味の構造の内に、潜在的な形で存在するからである。この点において、知というものはどれも、教育者と教育される者の諸表象を有機的に結びつけるのである。

社会的な表象とその教育法上の地位を理解するための、もう一つの重要点は次の事実に由来する。すなわち、社会的な表象は世界を名づけながら、自分が一つの世界認識であると称する。そして、こうした社会的な表象は、その固有の特徴から普遍性を主張するだけに、現実を反映していると理解され、世界を客観化するという事実である。

社会的な表象の分析は、ジャン＝クロード・アブリック（Jean-Claude Abric）が産み出したある新しい概念によって豊かになった。それは、表象を産み出し安定化させる要素をなすような、「中心的な組み合わせ」「中心的な核」あるいは「硬い核（noyau dur）」といった概念である。実際、社会的な表象が構造的に結び付けられた諸要素によって構築されるとして、こうした要素の内の幾つかは、構造の総体をまとめ上げるような役割を果たすのである。すなわち、シェーマとかスクリプトとか呼ばれるそれ以外の要素は、社会的な表象の周辺に放り出されるのである。

このような社会的な表象についての理論によって、硬い核の相対的な閉鎖性、周辺的な諸要素の展開、したがって、さらに大きく言えば社会的な表象の力学をある程度理解することができる。デュルケムは、とりわけ時間における社会的な表象の安定性を主張していたが、現代の心理社会学的な分析は時間における社会的な表象の力学を理解しようと努めている。したがって、周辺的な諸要素の特徴として、社会的な表象に関する期待が確認されない時、まずこの周辺的な諸要素こそが、その形を変え、そして、そうすることで硬い核の保護を確かなものにする。

社会的な表象の出現に関するデュルケムのヴィジョンに反して、こうした現代の心理社会学的な分析は、新たな実践のみが新たな社会的な表象を産み出すことができると考える。すなわち、主体が新しい実践を行うようになる場合にはじめて、一つの社会的な表象の構造が修正される。もちろん、このことは選択すべき教育法上の戦略に関してまさに効果を及ぼす。しかし、社会的な表象は社会関係の総体の内に含まれているのだ。

社会的な表象が一つの社会的思考であるとしても、その思考は、諸個人が互いに結ぶ関係のネットワーク、そして、これらの関係を産み出す客観的な諸条件を介しているのである。意見をもつ機会は不平等に分配されているのである。

だから、世界に対するある種の眼差しを投げかけることによって、生徒達の社会的な表象は知の日常的な構築の中で働いているのである。表象とは世界を構造化し思考する一つの方法であり、自らを一つの世界認識として提示する。すなわち、生徒達が学問を学ぶ以前にもっている知を「白紙に戻す」ために生徒達のもつ社会的な表象を無視するのはユートピア的である。つまり、教育における知の構築プロセスで機能している社会的な表象は、こうした表象の生産条件から独立した「それ自体で存在するもの（choses en soi）」ではないのである。

教えられる知を、生徒達が学び、理解し、そして、せいぜい極めて部分的に統合する必要のあるような科学的真実の教え込みと考えることはできない。生徒達の諸表象、教育者の諸表象、そして、一時的に安定化している教育可能な科学的資料のコーパスが相互に衝突するのは、「自然な場所（in situ）」においてである。このように考えてみると、知とは、個人的に再領有化される限りにおいて、互いに交雑する、様々な認識やノウハウ、「立ち居振る舞い方（savoir-être）」の相互作用による日常的な構築物以外の何ものでもない。というのは、社会的な表象の力学は、現実を知覚するシェーマの総体である「硬い核」の中期的な不変性ゆえに、ゆっくりとしたものであるからである。

さらに、波及するピグマリオン（Pygmalion）効果という期待の効果が、諸表象や知の構築の力学を修正する。学生達は、自分達のエネルギーの大部分を、教育者達の期待に自分を適合させるために、この期待を解読しようと試みることに使う。さらに、この適合は、生徒のもつ文化資本が大きければ大きいほどより効果的である。教育法の契約の、たいていの場合暗黙のこうした解読は、教育される者の特徴を示すような出身地や出身階層と結びついており、教育の欠くことができない一部をなしている。

この点について、我々には、政治学院の生徒達の社会的な成果についての突っ込んだ研究が欠けている。政治学院の生徒達の九五パーセントが暗黙の契約を果たしていると断言しよう。すなわち、ポール・ニザン（Paul Nizan）の言葉にしたがえば、政治学院の生徒達はシステムの「番犬（chiens de garde)」になっているのだ。

さらに、社会的な表象の教育法上の地位は、こうした社会的な表象の認識論上の地位と無関係ではないのだ。ポール・ファイヤーアーベント（Paul Feyerabend）は、「進歩を妨げることのない唯一の原理とは、全てよしという原理である」という方法論上の公準から出発する。こうすることによってファイヤーアーベントは、バシュラールが擁護した科学と常識との間の断絶という概念を再検討する。そうして、認識を、一連の整合性をもった理論としてではなく、まさに互いに両立することはできない諸代替物として理解する。これらの代替物の、諸神話、あるいは、いくつものおとぎ話との競争関係、並びに対立関係が人間の意識を発展させる。認識論学者は、自分の方法論上の多元主義においてア・プリオリには何ものをも排除しないし、常識に基づく様々な考えを排除することさえしない、おそらくは、こうした考えを特に排除しないようにする。これら常識に基づく考えはそれ自体で諸理論の構築過程の基盤をなすのである。

「方法論上のアナーキズム」と名付けられているものにまで行くことはないにしても、エドガール・モラン（Edgar Morin）の研究のように、現在の認識論の数多くの研究は、バシュラール的な科学と世間一般のものの見方との間の単純な断絶とは全くもって幻想であるということを明らかにする。すなわち、科学者達は、合理的な思考、客観性の追求と同様に思い込み、固定観念、夢想、知的な妄想によっても行動するのである。

だから、たとえ、生徒達が教育を受ける以前の認識状態として理解される先概念、社会的な表象を、社会―経済的・文化的な構造への主体の組み込みから把握しなければならないとしても、学者の知から実際に教えられる知へと媒介する教育法上の転換において、こうした先概念等を排除する必要はあり得ないだろう。したがって、生徒達の社会的な表象を、これらの表象が、教えられる科学的な規範からどれだけ離れているのかによって障害として解釈するのではなく、生徒達が科学的知を再領有化し、構築するのに、表象が役に立つということを理解することが必要である。社会的な表象は根本的に混成的であり、こうした表象の面の一つ一つが、その中でこの面が動かされるような状況によって、不規則に現実として表象される。だから、様々な認識の学習過程を、積み重ねられるように集積された諸認識の直線的な蓄積と同一視することはできない。むしろ、まさに同化／後退／浸透という直線的ではない過程として考えることができる。この過程においては、知、幻影、神話、「立ち居振る舞い方」、ノウ・ハウ、テクニック、イデオロギー的な表象、社会認識的な衝突、感情的な葛藤、教育「工学」が混ざりあっている。

さらに、知と表象の根本的に言語的な構造は、時として「自然な」知と命名される世界についての象徴的な先構造化を考慮することを要求する。我々は言葉を介して思考する。そして、知とは、本質的にその認識の内容と同様にその方法と手段においても論証的であるのだ。

一つの言葉が、常識から科学的な意味まで多様な意味を持っており、この言葉の可能な用法の全てが、この言葉をオーヴァーラップしているかのように重くする。すなわち、その言葉で言い表すことができるものが全て、実際に言われているわけではないのだ。したがって、世間一般の言説と密接に結びついている言説、学者の言説、学者によって教えられる二次的な言説を、断絶したものとして理解することはできない。とりわけ政治学においては、そのように理解することはできないのだ。政治学においては、権力の起源と性質、社会的管理、社会的非対称性に関する思い込みが、政治学教育の実践においてすら、非常に大きな意味を持つと同時に深く関わっている。

他のどんな学問よりも深く、政治学の教育は、教育者と教育される者との間の特殊な関係を拘束する。心理社会学的なアプローチによって教室内部での人間関係を明るみに出しつつ、この関係を理解することができる。こうした関係を明るみに出し理解させることは、エナルクや、中間的なエリートをつくり出すことを本質的に目指す政治学院の第一の究極目的ではおそらくない。学校あるいは大学の現実についての社会的な構築物を把握するということは、社会的な事実同様に、諸個人間、生徒間、生徒と教師間、教師間、教師と行政間、生徒と行政間の様々な相互作用のプロセスを考慮することである。

こうした相互行為のネットワークが互いに遡及効果を及ぼし、授業のあらゆる局地的な状況において、社会関係が均衡しているある瞬間の、人々の行為や実践に効果を与える。この社会関係は、それらが明白であろうと潜在的であろうと、同意と対立から成り立っている。「政治的に正しいもの」が、階級闘争を、区分や分類化をめぐる闘争すらも否定するだけにいっそう、こうした社会関係は潜在的になる。

全国に九つある政治学院はその典型的な例であるが、あらゆる制度は、その制度が、規則、規範、ポジティブあるいはネガティブな制裁のネットワークによって調整されているとしても、規制の空隙に、あるいは、ごく単純に言って、こうした規制の個別的な解釈の内に駆け引きやアドリブの余地を残している。だから、諸個人が、その内に自分達があるような状況についてもつ実践的な知と同時に、授業の流れを絶えず調整する社会的な相互行為の束を通して再解釈される社会学的・文化的・あるいは、生物学的な諸個人の様々な特徴とを共に接合することによって、授業は、態度・実践、そして行為を産み出す。教育者達の教育法上の諸戦略は、この直感的であると同時に、現代の社会学によってしっかりと理論化されたこの実践的な知を考慮に入れて授業や教科書を生産するほかないのである。

あらゆる社会的な状況において、各人は、他者が期待するように、少なくとも部分的にはそう振る舞う。諸個人の様々な振る舞いを産み出すのは彼等の直接の相互行為なのだ。ある授業における人間的そして社会的な関係の上演は、ドラマツルギーのモデルに基づいて、「自分自身と自分の様々な役柄」を有機的に結びつける。実際、社会生活を芝居の上演と見ることは可能である。この芝居の上演では、芝居で使われるような言葉の意味で、つまり「様々な期待の束」という社会学的な言葉の定義とは逆の意味で、諸個人が様々な役割を発展させる。この上演は、ある俳優による芝居の一場面の暗記のような「あらかじめ定められた行動モデル」を意味するだけでなく、文脈にしたがって、既に習得した枠組みを使い、それを再解釈する遡及的関係の総体をも示しているのである。

多くのことを考慮すれば、授業というものは、その中である部分は教師によって制御され、同時に、ある部分は多元的な社会的相互作用によって調節されるような社会的状況の産物として分析することができる。そこでは教師と生徒との間の帰納的相互作用は、知とノウハウを産み出すとみなされている。したがって儀式化した相互作用が授業の中で日常的な活動を調整する。

政治学の場合、そのいわゆる「授業」で、政治が、一人の俳優つまり教授（生産者）と、観客となるそれ以外の者つまり生徒（消費者）の間で上演されるのだ。仲間集団が集まる場所としての「授業／教室」と、授業の実践――これらは様々なやり取りが行われ、情報が伝えられ、教育がなされる場所であるのだが――が、学者の知と素人の知との間の不均衡を制度化する。このように、直感的な認識の境界線に囲まれている知と制度化されている認識の境界線に囲まれている知の弁証法によって社会的成員達は政治的対象について考えることができる。

ヴィエルムは次のように説明している。「政治学の本来的傾向は、生徒／学生の期待に応えて、参照例として現代の政治現象を選ぶことである。なぜならば、こうした現象は、他の現象より差し迫っていて、また他の対象よりも直接的に取り組むことができるからである。」政治というものを解読することで、教師はそこから自分自身の教育的実践における権力の演出までをも暴露してしまう。そして権力関係の論理における不確定性の領域を広げ、潜在的な衝突の危険性をさらに高めるのである。ここ一〇年間に政治学の教科書の中で教えられていることを勉強する際に、政治学会の関連機関、国立科学研究センターの委員会の中で、そして大学教授資格試験において、この教科書の著者たちが占める位置の分析に、教科書の内容を適用すればそのことは明らかになる。

分析が教育上の関係内のミクロな権力分析に限定される場合も、（反対に）この分析が（ある価値や制度をもった）社会のマクロな分析にまで広がる場合も、説明され／議論される権力はそのとき弱体化する。支配的な政治学者達の限界は、彼等自身が政治学の場から消え去るまで批判されることがないということである。したがって、こうした政治学者達は、正しく採算のあう政治学の正統な場を縮小することで満足している。

このように、政治学は、隠したままでおくことで教育がスムーズになるような規則・規範を権力の観点から解読してしまうがゆえに、政治学はそれが行う独自の教育方法によって周辺の学問である。しかしより大きく見れば、まさに社会的な場においても政治学という学問は周辺に位置するのである。

第三章　政治学、政治的な場における周辺科学

政治的言説と政治学的言説

ジャン・ルカは、政治学の知識の生産が対象とする市場を次のように分類することを提案する。その場合、需要は次の五つの市場から生じる。「学問のナショナルな市場」（市場1）、「学問の国際的な市場」（市場2）、「社会科学研究のナショナルなシステムの市場」（市場3）、「一般的な文化財の市場」（市場4）、そして、「政治的な市場」（市場5）である。彼は、市場1と市場5との間の相対的な気密性を結論付ける。このことによって、市場1の小ささと市場4の大きさを理解することができる。

政治学が、政治というものについての知的な言説を独占していないし――このことは必ずしも望ましいわけではないのだが――、政治学は政治というもの／実際の政治についての言説を独占して

いない。確かに各人は皆、市民として、政治というもの／実際の政治について様々な意見や表象をもっている。しかし、ジャーナリスト、政治評論家、世論調査の専門家、政治家達は、政治というもの／実際の政治について、政治学者たちよりも社会的により価値を認められた言説をつくりだすのである。

自然科学が生きている人間を扱うことについて妥当性を認めないということは、社会的アクター達の頭に浮かぶことすらないだろうに、彼等は、政治学には、政治というものを扱う政治学固有の妥当性を認めない。なぜならば、政治社会の生活への参加によってもたらされる直接的な知識が、政治というものを説明するには十分に見えるからであり、また「市民は誰でも単に実際の政治を経験しているだけではなく、彼等は、『よい市民』として、政治について自分で情報を集め、自己を形成しなければならないからである。こうして、市民、そしてさらに活動家は、自ら、政治についてのある『知』を作り上げている。この『知』が時として、政治学者の知と直接的に競合関係に入るのである」。

科学的利益と社会的利益

政治学のまさにその特殊性のために、政治学は政治的な場においてその正統性に異議を申し立てられざるを得ない。というのは、実のところ、政治学によって社会関係を読み解き明るみに出すことには何ら社会的利益が存在しないからである。つまり、政治学が社会関係を読み解く場合、政治学は権力というものの根拠自体を説得力のある適切なものと考えることはあり得ず、イデオロギー的なものとして解釈するはずである。この意味で政治学は、権力を明るみに出し／脱聖化する科学である。あらゆる科学的学問同様、政治学はその認識対象を構築するが、時として、この対象の構築過程は、所与の二次的な社会世界（monde social）によって既に仕立てられた対象に関わる。それは、科学的過程によってこれらの対象が再構築される時ですらそうなのである。この過程に従って再構築された対象物は、その過程を社会的に十分に正統化することができない。したがって政治学は、常に、社会空間・政治空間において正統と認められる幾つかの問題だけに還元されるような政治的対象の構築を正統化する危険にさらされている。

政治的言説と政治学的言説との共謀関係によって、政治学は、社会的に現実的価値を認められないような周辺的な場所に閉じ込められるのである。その上、こうした政治というものの誤認は、誤認の政治的現実によって編成される。おまけとして政治学は、この学問が夢見ていた社会工学を遂行するにはふさわしくないことが明らかになるのである。

政治というものの誤認、もしくは誤認の政治

政治学が科学的な場において、社会学・経済学・法学といった、政治学と全く同じように正統に政治的対象を扱う諸学問と競合関係にあること、しかし、別な観点からすれば、政治学は政治学固有の研究道具を備えていないということ、さらに、政治学の探求のための諸手段は人間の科学一般の手段であるということ。こうしたことは、科学のルールを踏まえない、自分の素朴な知だけを頼みにする「素人（profanes）」によって絶えず挑戦されるという、政治学の抱える大きなハンディキャップの前では、取るに足らない要素に過ぎない。

政治学において、学問的な認識のカテゴリーと、人々が実際の生活の中で獲得する認識のカテゴリーとの区別は、少なくとも社会的知覚の場においては明確ではない。だから、例えば、政治ジャーナリスト－評論家は、政治というものについて語ることに関して、どのような政治学者よりも正統性を持っているのである。たとえ、政治学者は別な形態の実際的な利害によって動かされているということが明らかであるとしても。

だから、あり得る最上の政治秩序という問題は、政治哲学にとってかつては重要であったとしても、この問題は現代の政治学にとっては重要ではないのである。あるがままの実際の利害から完全

に自由になるということはないにもかかわらず、この利害から距離をとるということが、政治というものの、もちろん常に部分的で一時的なものであるにせよ、科学的な認識の担保である。

しかし、政治的対象は、実際の政治の専門家達、様々なメディア、その他のエッセイスト達によって記述され分析されている。ジャーナリスト的な場が読者、視聴者の判断に従い、政治的な場が世論調査の場に従う時、政治というものの隠された動機を白日の下にさらすという政治学の批判的な機能は「科学」の濫用の対象として批判される。

「実際、どのようにしたら次のことを恐れないでいられるだろうか。デマゴギーやマーケティングの手段としてシニカルに使用される世論というこの人工物の偽りの測定手段はどれも、投票者や、聴取者達を単なる消費者の状態に押し込めに来るということを。この消費者達は、最も隷属的な諸要求にそれらの製品をあらかじめ適合させることができる、もしくはそれ自身の製品の要求を産み出し、押し付けることができるような生産物に従属している。」だから、科学性の主張は競合を禁じるものではない。「常識もまた学者達を判断する法廷であるのだ。」自然科学が一般大衆に「語りかける」時、自然科学がこのように「語りかける」のは正統であり、自然科学が通俗化されているとしても、自然科学の社会的有用性は全く疑われることはない。それには、「かたい」科学の科学者達が（彼等がマスメディアによって知られてさえいれば）、科学的なものの精神的な権威という高みから、彼等の市民としての意見を社会の人々に与えるよう請われているのを見れば十分である。

しかしその逆は真ではない。つまり、政治学者達は正統に宇宙についての考えを産み出しているのに対して、彼等は、これまで一度として宇宙について自分の意見を与えるよう請われたことはない。ジャーナリスト達が政治学を拒絶することによって、メディアは「常識」を構築し再生産することができるのである。社会で広範に共有される知は、科学的な諸生産物を無視するばかりではなく、こうした生産物を非正統化し、そしてこれらから距離をとる。政治学の特殊性のために、政治学は政治的な場において否応なしにその正統性が問題視される。というのは、実際のところ、政治というものを認識することには、いかなる社会的利益も存在せず、この認識によって論じられ／説明された権力はこうして弱められ、その正体が暴かれるからである。その場合、社会的に認められている諸価値や諸規範こそが完全に信用を失うのだ。

したがって、権力を明るみに出し脱聖化する科学としての政治学は、どんな権力の根拠自体をも必然的なものともはや考えることはあり得ず、イデオロギー的なものと解釈せざるを得ない。

このかくれんぼゲームは、科学的知の象徴的価値を、そしてそこから知の社会的正統性すら決定するような社会的メカニズムの機能を誤認させ、関連して問題となっている知の象徴的な有効性を基礎付けるような社会関係を誤認させるのである。国家がその永続性や市民教育において国家を支持するアクターの社会計画の実現を気取るとき、権力の様々なメカニズムや諸根拠が明らかにならないことで、社会的結合の中心的な諸規則や諸規範に市民は順応するよう容易に組み込まれるのである。

危険な科学である政治学が権力を説明するとすれば、政治学は無害であることはできないだろう。

結　論

我々は道のりの半ばまで来た。どのような「人類学的」研究も、文化的・社会学的・歴史的に位置づけられた認識に主体の問題を導入することなく行うことはできない。主体は自分が行う研究と関係をもつのである。すなわち、主体とその研究対象との間の、観察者と観察者が観察するものとの間のこの対話関係によってのみ、秩序・無秩序・相互行為・組織の弁証法に存在と実在のカテゴリーを導入することができる。そのエントロピーがついで無秩序を産み出すのである……。

政治学はその様々な方法・言語・対象から一つの科学であり、少なくとも政治学の妥当性は一般的であると我々は考える。しかし、政治学を行う者達は、自分達が実際の政治活動やジャーナリストの活動を批判することをしり込みするし、政治家やジャーナリスト達と競合するための手段を持ち合わせてはいないのである。実際、政治的動物としての人間という、政治学者達の研究対象を考慮した認知過程の非人間性を前にした時、政治学者達の信憑性には限界がある。さらに、社会学者や心理学者達同様、政治学者達は主体であると同時に客体であるのだ。実際の政治のプロ達が、自分達の利害を完全に明らかにされることで利益を得ないのと同じように、自分達の利害を明らかにする政治学者達も、行くところまで行き、完全に利害を明らかにすることをためらうのである。

実際の政治が差別的だとして、この政治は性的にはさらにいっそう差別的である。政治学もまた実際の政治と同じように性的に差別的である。「世界の考え」方についてのフランソワーズ・エリチエ（Françoise Héritier）によって余すところなく描き出された、性における根本的な他者性、生物的・文化的な根源的他者性、そして、探求対象の選択、実際の経験的実践、フィールドでの仕事における人間の相互行為におけるその結果、さらには理論構築の諸様式の他者性すらが、モースの言葉を言い換えて、「我々は政治学を半分しか行わなかった」と言うことを正当化しないだろうか。

これまで、政治やアカデミックな道に入ることを選択した女性達は、どちらかと言えば男性のように振舞っていた。ゲームの規則が、アイデンティティに勝るからである。さて、大学教授資格試験の結果や、政治学におけるポストの不足は、政治学者という職業が未だ多様化していないということを示しているように見える。そして、初期の政治学者の大学教授資格試験が、様々な学問出身者達に、女性達にさえ開かれていたとしても、一番最近の試験は逆に、政治学という学問の硬い核についての選択肢を狭めたように見えたのである。

近代社会が、全くの根本的変化に、とりわけ差異、エスニックな、文化的な、そして性的な差異の承認に起因する根本的変化に直面している時代に、政治学は様子見を決め込んだままでいることはできないだろう。すなわち政治学は、政治学を産み出す社会同様、多様なものになるだろう。もしくは、「マネージメント」に都合よく、ローマ法のように姿を消すだろう。政治学は、よりプロ化することによってではなく、政治学の魂を守ることによってこの危機を乗り越えるだろう！

さあ、政治学者の皆さん、もうひとふんばり。そうすれば、もうすぐにあなた方は科学的だ！

注釈

一、『王の二つの身体』の理論（Théorie des deux corps du roi）

エルンスト・H・カントーロヴィチ（*The King's Two Bodies : a study in Mediaeval Political Theology*, Princeton University Press, 1970：日本語訳『王の二つの身体』小林公訳、筑摩書房、二〇〇三年。）によって述べられた理論。この理論によれば、後にジョゼフ・シェイエス（Joseph Sieyes）が述べるナシオンのように、王は滅び得る生きる身体と、王国の臣民達を結び付けるようなプランをもたらす政治的身体の二つをもつ。

二、解釈学（Herméneutique）

主として作品の領域において解釈する行為を意味する。例えば、人はある作品並びにその作品の起源となる出来事を解釈する。

三、カエサル―教皇主義（Césaro-papisme）

教会によって正統化された主権を中央集権化する体制。フランス国家とカトリック教会との間の争い、フランスのカトリック教会をローマ教皇の直接支配から独立させる運動としての諸権力の分離に基づく教会独立主義（ガリカニスム）を超えて、カエサル教皇主義という表現は、ここではカトリック的な結合の中心的諸価値に基づく権威主義支配体制を指す。例えば、フランス国家はたとえ世俗化され、さらにはライシテ化されているとしても、このカエサル主義と教皇主義という二つの歴史的基盤と完全に手を切っていない。

四、構造主義（Structuralisme）

諸配置、諸区分、諸規則そして諸実践の決定性を共通の特徴とするような方法論の総体。親族と言語の基本構造からクロード・レヴィストロースが主張した理論と混同しないこと。

五、実証主義（Positivisme）

オーギュスト・コントによって打ち立てられた学説。彼は、諸現象を結び付けるような諸法則を打ちたてようとし、次にこうした現象の原因の追究を形而上学に委ねた。さらにこの実証主義という言葉は、諸事実へと排他的に向かう研究姿勢を形容した。実証主義を援用する科学の理論は、感覚的な経験に帰着せず、論理的な分析に基礎付けられるような諸言表に従わせられないものは全て排除すると主張する。

六、ジャコバン主義（Jacobinisme）

中央集権化された法治国家の管理に当たる「立派な少数派（une minorité vertueuse）」による統治様式。この統治形態はエナルクによって支えられ、カエサル―教皇主義的なフランス第五共和制と繋がっていると筆者達は主張する。

七、全体論（Holisme）

全体論という概念あるいは学説によれば、全体は、その全体を構成する諸要素の諸特性とは区別される諸特性をもつ。このことは全体的な研究、例えば社会の研究を要請する。

八、存在論（Ontologie）

存在の本質およびその具体的な実存から、固有の存在としての存在を研究すること。

九、ドクサ（Doxa）

一般に認められている意見。ギリシャ哲学においては理性に対立するとされた。

十、認識論（Epistémologie）

科学の生産条件を研究対象とし、認識についての科学的理論、もしくは認識形而上学を産み出そうとする学問。

一一、ネオパロキアリスム（Néoparochialisme）

英語から来た表現であり、筆者達がかつての小教区教会とは大きく異なると考える現在の宗教的な集合形態を説明するために用いている。すなわち準拠集団の諸ドグマの総体を共有しない、宗教的あるいは文化的共同体への自己同一化がここでは問題となる。

一二、ノモロジー（Nomologie）

普遍的な法則の発見を可能にするような手続き。

一三、発見方法論（Heuristique）

ギリシャ語で「見出すこと」を意味するheuriskeinに起源をもつ。発見方法論は発見に役立つような諸方法論を意味する。

一四、パラダイム（Paradigme）

その重要性からモデルとしての価値を獲得するような実験、あるいは理論。

一五、ヘーゲル主義（Hégélianisme）

国家についてのヘーゲル的な見方であり、ここではは大文字の教会の失敗に対する絶対的な精神的構造物という意味で使う。

一六、有機体論（Organicisme）

社会を生物と同じように考える学説、あるいはその諸要素が相互依存関係にあるような一つのシステムとして理解するような研究方法。

参考文献

BALANDIER, G., *Anthropologie politique*, PUF, coll. «Quadrige», 1991.［ジョルジュ・バランディエ（中原喜一郎訳）『政治人類学』合同出版、1971年］

BAUDOUIN, J., *Introduction à la science politique*, Dalloz, coll. « Mémentos Dalloz », 1996.

BIRNBAUM, P., *La Fin du politiqe*, Seuil, 1975.

—, *Dimensions du pouvoir*, PUF, coll. « Sociologie d'aujourd'hui », 1984.

BRAUD, P., *La Vie politiqe*, PUF, coll. « Que sais-je? », 1992.

CHATELET, F., PISIER-KOUCHNER, E., *Les Conceptions politiques du XXe siècle*, PUF, coll. « Thémis Sciences politiques », 1984.

Cot, J.-P., MOUNIER, J.-P., *Pour une sociologie politique*, Seuil, 1974.

DRAÏ R., *La Politique de l'inconscient*, Payot, coll. « Bibliothèque scientifique », 1979.

DUVERGER, M., *Sociologie de la politique : éléments de science politique*, PUF, 1989.

GAXIE, D., *Le Cens caché : inégalités culturelles at ségrégation politique*, Seuil, 1978.

GRAWITZ, M., LECA, J., *Traité de science politique*, 4 vol., PUF, 1985.

LAPIERRE, J. W., *Le Pouvoir politique et les langues : Babel et Leviathan*, PUF, coll. « La Politique éclatée », 1973.

LAUBIER, P. DE, *Introduction à la sociologie politique*, Masson, 1983.

NORA, P., *Les Lieux de mémoire*, Gallimard, coll. « Quarto », 1997.［ピエール・ノラ編（谷川稔監訳）『記憶の場』岩波書店、2002年］

訳者略歴

浪《なみ》　岡《おか》　新太郎《しんたろう》

1971年、東京都に生まれる。中央大学法学部法律学科、中央大学大学院法学研究科政治学専攻修士課程を経て立教大学大学院法学研究科政治学専攻博士課程退学。エクサンプロヴァンス政治学院D.E.S.S./Master取得。日本学術振興会特別研究員P.Dを経て、現在、立教大学法学部助手。

専　　攻：政治社会学、国際関係論、平和研究

共 著 書：「移民新世代結社と＜新しい市民権＞」『グローバル時代の平和学　第三巻』法律文化社、2004年。「西ヨーロッパにおける政教関係の制度化とイスラーム」『世界システムとヨーロッパ』中央大学出版部、2005年。

主要論文：「フランス共和制とイスラーム」『思想』2003年5月号。「国民国家原理を超える＜共生＞の試み」『平和研究』24号、1999年。「フランスにおけるムスリムの政治参加と＜新しい市民権＞」『法学新報』110巻3・4号、2003年。

政治学とはどのような学問か　中央大学現代政治学双書　16

2005年11月5日　初版第1刷発行

訳　者　浪　岡　新太郎

発行者　辰　川　弘　敬

発行所　中　央　大　学　出　版　部

〒192-0393 東京都八王子市東中野742-1
電話 0426 (74) 2351 ・ FAX 0426 (74) 2354
http://www2. chuo-u. ac. jp/up/

ニシキ印刷・永島製本

ISBN4-8057-1215-5